JN092537

札幌建築まち歩き

市中の雪を集め、豊平川の堆積場に捨てに行く、冬の風景。

◇◇◇

30年間、東京のゼネコン設計部で、毎年のようにビルの設計コンペに参加し、「とれた」「とられた」と一喜一憂する日々を過ごしてきた。２０２０年の春、会社人生で初めての転勤辞令によって、札幌の支店に単身赴任することとなった。まさに新型コロナによるパンデミックが始まった春のことである。

　コロナの影響でどの仕事も停滞し、新しい仲間との会食機会はなかったが、その分、時間だけはあった。せっかく赴任して来たのだから、札幌の建築を見たいと思い、中古の自転車を買ってあちらこちらに出かけ始めた。まち歩きの始まりだ。走り始めると、札幌が街・山・海全てが近いコンパクトシティーである事が実感された。しかも行った先は誰もいないゼロ密状態、入場料が必要な施設が、開いたり閉まったりするのが予測できず、閉口した。

　まち歩きとは、知的好奇心を刺激し、何か新しい事を知り、喜びを得る遊びである。建築が好きな人や学生が、札幌旅行に来た際に、どんなガイドがあるとまち歩きを楽しめるかを考えながら、札幌出身の方達とは違う視点で街を観るように心がけ、建築や風景をスケッチした。

一方、札幌は食材の宝庫であり、おいしい食事をする所には事欠かない。そして、まち歩きの楽しみと食の楽しみはセットである。味覚と食への意識を豊かにすることは、建築の感受性をも豊かにする。

食べ物と建築は繋がっているのだ。

50年以上建ち続ける建築の時間の流れはスローだ。自然の中で丁寧に育てられ、素材を尊重して作られた美味しい食べ物もスローだ。路面電車に乗って、ゆっくりと美味しいものを食べながら、札幌のまちを歩こう。そうすれば、現在の拙速で安易な価値観ではない、伝統的な価値観を現代の文脈の中に取り戻し、次の時代を楽しく生きていける気がする。

札幌建築まち歩き　目次

札幌農学校第二農場

バルーンフレーム構法で作られた、モデルバーン

牡牛舎

札幌農学校第二農場には９棟の建造物が保存されている。この農場には、開拓使時代・明治末期両方の建物が建っている。どちらの時代の建物も切妻《きりづま》や妻入《つまいり》の素朴な「機能的建築の形」であり、開拓使政府が推し進めたアメリカ式大農場経営と共に輸入された形だ。北海道の原風景としてイメージされるギャンブレル屋根の牧牛舎は、実は開拓使建築には存在しない。「北海道酪農の父」と言われる宇都宮仙太郎《うつのみやせんたろう》がアメリカのジェームズ社設計による牛舎を上白石に初めて建てたところに始まったと言われている。道内を走っていても実はギャンブレル屋根の牧牛舎は少ない。

模範家畜房（モデルバーン）

模範家畜房（モデルバーン）と、穀物庫（コーンバーン）は、構法的な特徴を持っている。

クラーク博士が前任のマサチューセッツ農科大学で、１８６９年に建築した畜舎で開発したバルーンフレームと呼ばれる構法で作られている。この構法は、高い施工技術を必要としない建築方法として考案されたものだ。煙突は温度差を利用したキング式換気システムの換気口だ。

床と屋根は、２インチ厚の板状のバルーンフレームで造られているが、主要構造体の柱・梁は日本の在来構法で作られている。実施設計者の安達喜幸《あだちきこう》（開拓使工業局営繕御用掛）が日本の環境に対応させるのと、造り慣れた在来構法を折衷し、１８７７年に建築した。基本設計は、札幌農学校第二代教頭のW・ホイラーである。

１９１０年の移転改築にあたり、モデルバーンの地下部分と２階にあった干草を運んだスロープを取り払い、外壁には目打板の装飾を加え、４本の換気塔を新設した。

敷地の最も東側にある

穀物庫（コーンバーン）
高さ1メートルの高床式トウモロコシ貯蔵庫、設計はブルックス教授。

１９０９年に建てられたサイロ付きの牧牛舎は、１９７７年の復元工事において、室《むろ》を煉瓦で、サイロを札幌軟石で建設した。屋根裏には搬送用木製レールがあり飼料置き場としての機能を果たしていた。第二農場のゲートを入り、池側から見る木造建築群は札幌の代表的風景のひとつとなっている。

札幌農学校第二農場

札幌市北区北18条西8（キャンパス中央通北端）
竣　　工／1877年（モデルバーン・コーンバーン）1909年（牝牛舎）
階　　数／地上2階（モデルバーン・コーンバーン・牝牛舎）
構　　造／木造（モデルバーン・コーンバーン・牝牛舎）
延床面積／476m²（モデルバーン）110m²（コーンバーン）449m²（牝牛舎）
基本設計／W.ホイラー他
実施設計／安達喜幸（開拓使工業局営繕御用掛）

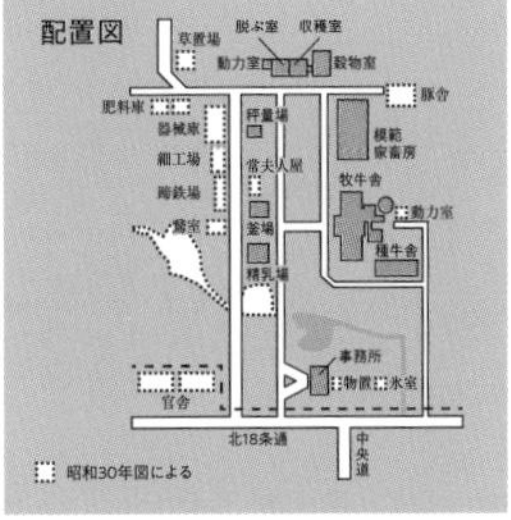

札幌市時計台

オフィス街に残る、MILITARY DRILL HALLの記憶

明治11年（1878年）ほぼ現在の位置に旧札幌農学校演武場として建てられ、2階が兵式訓練の「演武場」となっている。時計機械は3年後に追加されたものだ。

外観は、開拓使工業局営繕がアメリカ東海岸から輸入したパターンブックを参照し、ゴシックを木造で模倣した北米式スタイルのデザインだ。

外壁は下見板張、屋根は、洋風の小屋組を採用し、両側の壁が広がるのを防ぐために小屋組根元を細い鉄管で緊結《きんけつ》し、柱・梁を用いず訓練に適した広い空間を作っている。北大第二農場のモデルバーンに採用されている壁パネルの構法であるバルーンフレームをアレンジしたものである。

小屋組を補強する
スチールロッド。

札幌市時計台

札幌市中央区北1条西2丁目

竣　　工／1878年
階　　数／地上2階
構　　造／木造
延床面積／759㎡
設　　計／北海道開拓使工業局営繕

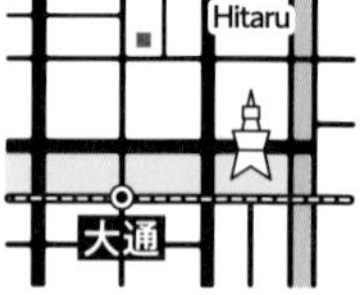

琴似屯田兵村兵屋跡

本部施設や学校などの施設と共に作られた、最初の兵村

明治7年（1874年）、開拓使は琴似に最初の屯田兵村208戸を作った。日常は耕作作業を行う兵隊であり、村全体で一個中隊を成していた。1戸当たり150坪の敷地に17坪半の家屋を建て、1軒につき5000坪の開拓地が与えられていた。琴似の次に作られた山鼻屯田兵村では、1戸当たりの敷地は10倍の1500坪となり、開拓地も今の厚別に1戸当たり最大15000坪まで拡張された。琴似の密集制の屯田兵村に始まり、その後、明治32年まで24年に渡り、37兵村、家族含めて3万9千9百11人が入植した。

琴似・山鼻の兵屋は小断面部材で強度に優れた屋根を作るため、五寸角材の真束を使った洋式小屋組（キングポストトラス構造）が採用されている。しかし、その後の兵村は、施工慣れした和小屋組となっていく。

琴似屯田兵村屋跡

札幌市西区琴似2条5丁目1-12

竣　　工／1874年建築の再現
階　　数／平屋
構　　造／木造・石置屋根
延床面積／58㎡
改修設計／岩瀬隆弘・安達喜幸
（開拓使工業局営繕御用掛）

初期型の兵屋は、家として理想を求めたため小屋組材が立派だ。

内壁は真壁の土壁仕上げ。

サッポロファクトリーレンガ館

［開拓使麦酒醸造所札幌第一工場］

レンガ建築リノベーション

赤い星のマークは、開拓使のシンボル五稜星だ。

開拓使は産業振興のため、味噌・醤油・生糸など約30カ所の官営工場建設を計画していた。麦酒もそのひとつ。

明治4年に来日し、開拓使顧問になったホーレス・ケプロンがパン食を推進し、麦作が奨励された。そのため、明治9年（1876年）開拓使麦酒醸造所が、北三条通りのこの場所に設立された。明治15年（1882年）開拓使廃止に伴い民営化され、「札幌麦酒工場 札幌第一工場」としてのビール生産が始まる。1993年ビール工場の移転に伴い、工場跡地を再利用した商業施設「サッポロファクトリー」となり現在に至る。

開拓使麦酒醸造所の当時の赤レンガを残したレンガ館は明治25年（1892年）建設。明治の建築技量の粋を集めた建築と言われている。

赤レンガの円形ボイラー室の上にそびえる40メートルの黒色鋼鉄製煙突は大正4年（1915年）の建造だ。

この地域は、幕末、大友亀太郎が築いた大友堀（いまの創成川）と、豊かに水をたたえて流れる豊平川にはさまれていた。さらに、数多くのメム（アイヌ語で「湧水」の意）からなる伏古川（フシコサッポロ川）の源流地帯にあたり、工場地帯として最適な水の豊かな土地であった。その事もあり、ケプロンは創成川以東側は工業地帯にすべしと進言していた。

北3条通りに並ぶレンガ館・3条館のファサード。

サッポロファクトリーレンガ館

北海道札幌市
中央区北2条東4丁目

竣　工／1892年
改　築／1993年
階　数／平屋・地上2階（改築後）
構　造／レンガ造
延床面積／約400㎡
設　計／不明

ひときわ目をひく大きな煙突。

清華亭

北国の素朴な迎賓館

開拓使が貴賓接待所として建てた建物で、明治14年（1881年）行幸中の天皇がご休憩なさった。出窓のある洋室と書院造りの和室をもつ下見張りの外壁にトラス屋根といった和洋折衷建築。隣接する偕楽園緑地は、豊かな水を利用した農工業試験場・鮭孵化場・博物館・花室がある産業試験場だった。

札幌扇状地の伏流水が湧いた場所をメムというが、偕楽園のメムはヌプサムメムと呼ばれ、北大敷地を通って、石狩湾に注ぐ「サクシュコトニ川」の源泉であった。秋にはここまで鮭があがってきていたという事だ。

広縁（ひろえん）のある書院。

庭に面したベイウィンドウやガラス障子の広縁サンルームなどモダンな要素も多い。

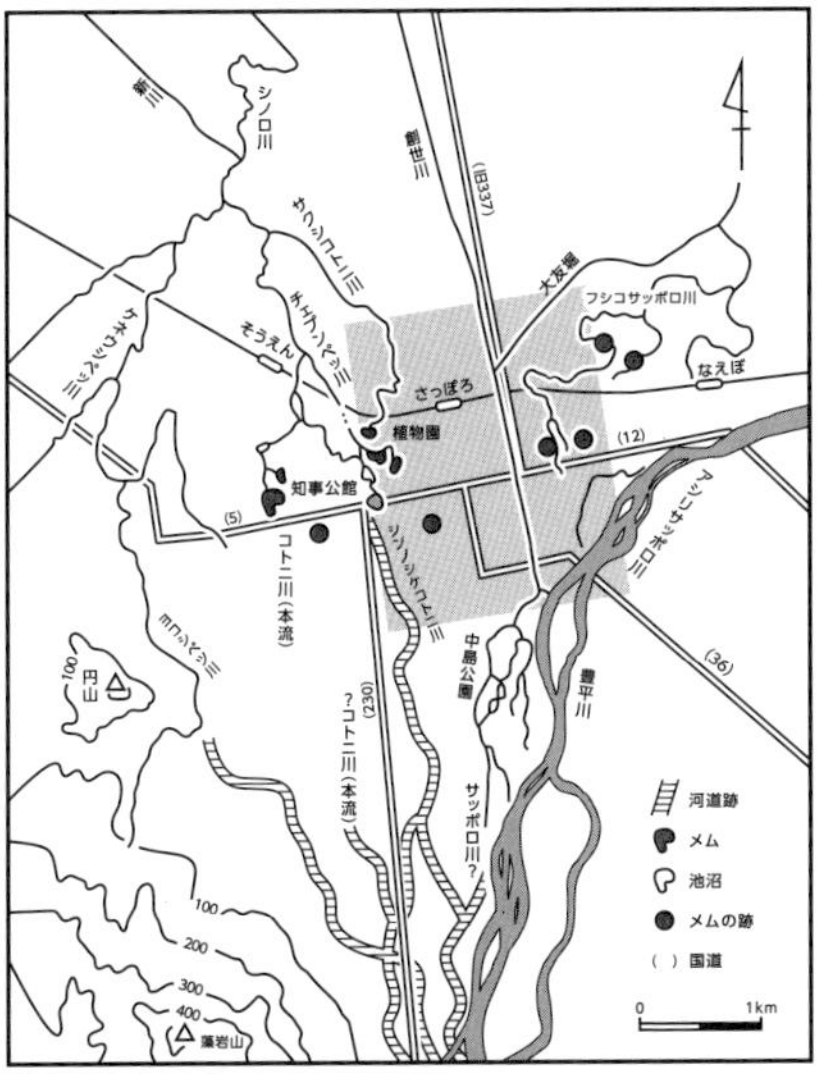

伏流水が湧き出すメムの配置
北海道の自然 No.55（原図：地学団体研究会 1984）より

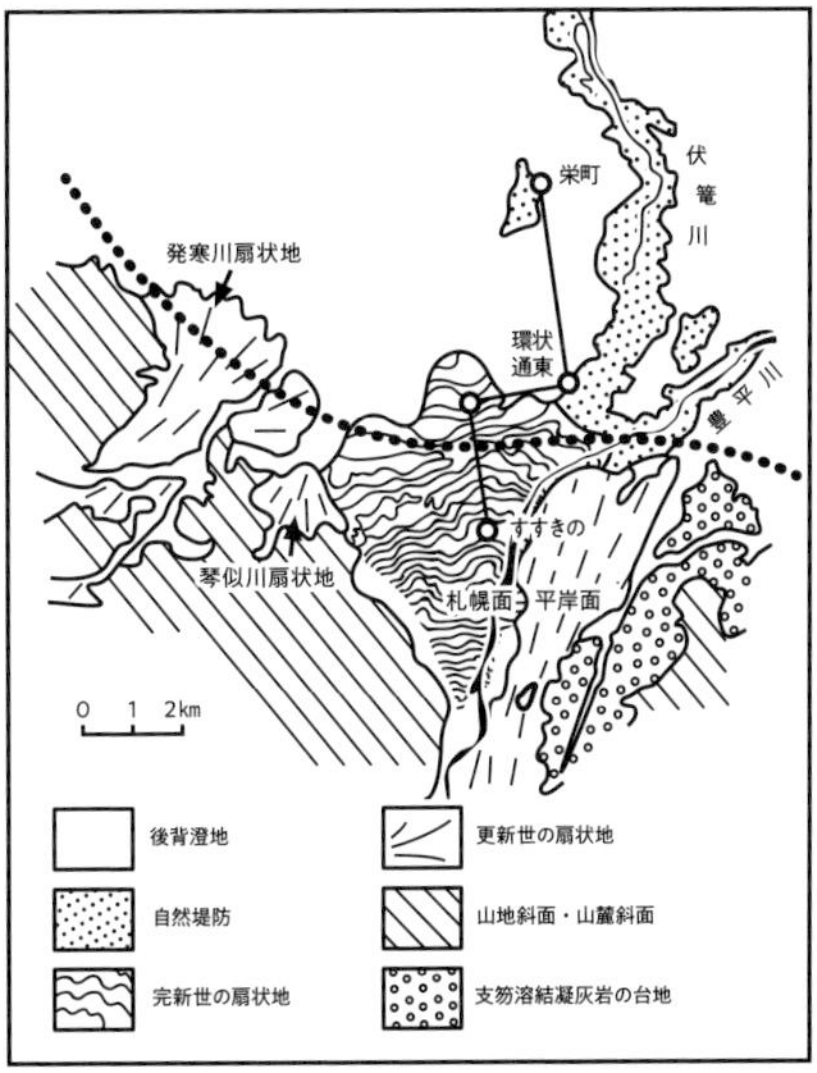

札幌扇状地の範囲
地形と地質（札幌市教育委員会文化資料室編）より

現在は小さな公園として残っている偕楽園。
谷状の微地形に、メムの名残が感じられる。

かつての偕楽園内の鮭孵化場
（北海道大学附属図書館所蔵）より

清華亭

札幌市北区北7条西7丁目

竣　　工／1880年
階　　数／地上1階
構　　造／木造
延床面積／123㎡
設　　計／北海道開拓使工業局営繕

北海道庁旧本庁舎

［赤れんが庁舎］

札幌の最重要建築遺産

赤レンガテラス前の歩行者専用道。

明治４年（１８７１年）の、廃藩置県を受け、明治19年（１８８６年）北海道庁が創設された。初代長官の岩村通俊によって、本庁のデザインとして独立と進取のシンボルである八角塔を屋上に設けることが指示だったと言われている。その後一度焼失した初代本庁舎は、北海道庁土木科の平井晴二郎の設計により、明治21年（１８８８年）に現在の本庁舎として竣工し、昭和43年創建時の姿に復元された。

建物は、アメリカ風ネオ・バロック様式の煉瓦造だ。窓は二重窓になっており、室内側の窓は両側に設けられた木製の箱にガラス戸を三つに折りたたんで納めるように工夫されている。

主材料の煉瓦は約２５０万個使われている。東京の小菅集治監で学んだ、煉瓦製造技術を持つ北海道白石村の鈴木煉瓦製造所の煉瓦を中心に建設された。

　鈴木煉瓦は開拓で伐採した石狩川低湿地帯の榛《はんのき》を薪にしていた。色の濃い基礎部の煉瓦はその薪で高温焼成された焼過煉瓦が使用されている。一般壁部はフランス積、コーニス（軒下蛇腹）には「もみじ」「稲葉」と呼ばれるレンガを45度で施した意匠となっている。彫刻された木製アーチや階段手すりと同時に、インテリアにはオーストリア製のメタルシーリングや鉄板の間に石綿を挟み込んだ巨大な防火扉が目につく。これらは、明治42年の火災の教訓である。

「赤れんが庁舎」建物の中心軸、正門からまっすぐ東に伸びる北3条通りは、かつて「札幌通り」または「開拓使通り」と呼ばれていた。

　大正13年に、木塊《もっかい》とよばれるクレオソート防腐処理をしたブナ材のレンガが敷きつめられ、車道と歩道の境に、東京の荒川堤防用の苗を譲り受けた銀杏が植えられた。赤レンガテラス前の歩行者専用道（アカプラ）は北海道最初の舗装道路だった。

当初の開拓使本庁舎敷地は植物園・大通公園と隣接し、現在の約5倍（4街区×5街区）の敷地に建っていた。

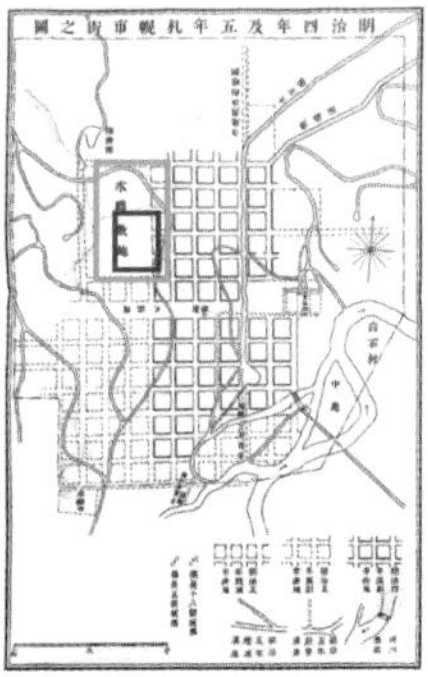

北海道大学附属図書館
札幌市街図（明治4年及5年）より

明治5年の本庁
現在の北海道庁

北海道庁旧本庁舎

札幌市中央区北3条西6丁目

竣　工／1888年
階　数／地上2階・地下1階
構　造／煉瓦造
延床面積／5004㎡
設　計／平井晴二郎（北海道庁土木科）

赤レンガ内部の美しい装飾。

北海道旧本庁舎 正面

旧永山武四郎邸

永山武四郎のセンスが光る、和洋折衷デザイン

明治10年（1877年）頃、第2代北海道庁長官の永山武四郎の私邸として建設され、後に三菱鉱業寮部分を増築した建築だ。

　敷地前面の北3条通りは「札幌通り」と呼ばれ、札幌の中心道路であった。本庁の正面真東、開拓使麦酒醸造所の先のこの場所は、長官私邸に最適な敷地であった。

　ホーレス・ケプロンが開拓の中心としたビール・醸造・製菓などの工場群や、札幌農学校、札幌病院らがこの通りに軒を連ねていた。

書院作の表座敷と洋間（応接室）の境界になっている襖枠は、幾重もの繰型でできた幾何学的な装飾になっている。

和室部分にだけ広縁が付けられているため下屋が偏心した折衷外観となっている。

旧永山武四郎邸

札幌市中央区北2条東6-9-22

竣　　工／1877年頃
階　　数／平屋
構　　造／木造
延床面積／136㎡
設　　計／開拓使工業局営繕

豊平館

開拓使の木造洋風ホテル

明治13年（1880年）に開拓使直営のホテルとして建てられた。設計は開拓使本庁舎を設計した安達喜幸。工事は大岡助右衛門が請け負った。現在の大通り1丁目付近に建てられ、1958年に中島公園内に移築、北海道博覧会の郷土館として活用された。移築前、地下は石造+RC造、地上は木造の洋風建築だった。

ホーレス・ケプロンが、開拓使関連建築は洋風にすべしと決めたため、豊平館も前出のパターンブックを参考に設計された。

正面バルコニー上のアールの破風は懸魚（げぎょ）、コリント風柱頭が和式の肘木向きに付いている。輸入した洋式に手慣れた和風の意匠を取り入れているのだ。

アーチ状の開口の柱はドーリア式のつけ柱。豊平館は東京の鹿鳴館より3年も早く建てられ、片山東熊（かたやまとうくま）は参考にしたという。

豊平館

札幌市中央区中島公園1-20

竣　工／1880年
階　数／地上2階、地下1階
構　造／RC造、石造、木造
延床面積／1566㎡
設　計／安達喜幸（開拓使工業局営繕御用掛）

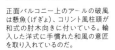

北海道知事公館

かわいい、レトロ洋館

昭和11年（１９３６年）に三井合名会社の迎賓館「三井別邸」として建てられ、戦後の米軍接収を経て昭和28年（１９５３年）に北海道の所有となり、現在は知事公館となっている。

入口玄関のアーチや三角の切妻《きりづま》屋根に、イギリスのチューダー様式の特徴がみられる。白い壁に、柱や梁などの骨組を露出させて赤く塗装したハーフティンバー構造の現《あらわ》しのデザインだ。屋根は緑青《ろくしょう》がふいた銅板となっている。赤色のハーフティンバーの建築は、日本の洋館では珍しい。

広大な敷地の中の水路は扇状地の伏流水が湧き出たメムを人工的に再現したものだ。

入口部

北海道知事公館

札幌市中央区北1条西16

竣　　工／1936年
階　　数／地上2階
構　　造／RC造、木造
延床面積／392㎡
設　　計／萩原惇正（北海道庁建築課技師）

サッポロビール博物館

札幌ビール園で、北海道限定サッポロクラシックを

ドイツで修業したビール醸造人・中川《なかがわ》清兵衛《せいべえ》を迎え、1876年に「開拓使麦酒醸造所」が開業する。10年後の1886年、大倉喜八郎が「札幌麦酒醸造場」の払下げを受け、官営のビール事業は民営化され「大倉組札幌麦酒醸造場」となる。更に、渋沢栄一、浅野総一郎らに事業を譲渡、サッポロビールの歴史がここに始まる。

サッポロビール園に転用される前、この煉瓦建築は明治23年（1890年）にてんさい糖の札幌製糖株式会社赤レンガ工場として建設された。赤れんが庁舎を建設した道庁第三部建築掛チームの仕事である。47・5メートルあるボイラー室の煙突も明治23年の建造だ。

そして、1982年サッポロビール園としての再生・改修にあたって、80センチ厚のレンガ造外壁の内側に、新しく構造体を新設。鋳鉄製中柱はコンクリート補強し、屋根の木造小屋組みは鉄骨に置き換えた。現在は札幌で最もポピュラーなジンギスカンビアホールとして賑わっている。

札幌ビール博物館

札幌市東区北7条東9丁目1-1

竣　工／1890年
改　修／1987年
階　数／地上3階
構　造／石造、木造
延床面積／1566㎡
改修設計／サンガーハウゼン社、
酒井啓次郎（北海道庁建築課）、大成建設（改修）

日本食品製造合資会社旧工場

［レンガの館］

再開発における建築の残し方

札幌の煉瓦建築の中、民間が建設した比較的新しい建物である。日本食品製造合資会社（日食）がスイートコーン、アスパラガスやピクルスなどを北海道で栽培し、それらの缶詰を製造した工場である。琴似には、最初の屯田兵村があり、新鮮な農産物が手に入った。琴似発寒川の扇状地でもあるため農産物加工用の水も豊富であった。そのためアメリカで、穀類や野菜の加工技術を学んだ日食創設者の戸部《とべ》佶《ただし》は、昭和4年（1929年）にこの場所に工場を建てた。留学中のカリフォルニア州サクラメントのデルモンテの工場をモデルに建設されたといわれている。

煉瓦造の躯体の上に、採光と雪除けのためノコギリ状の屋根を載せている。民間ならではの地域性と機能性が表現された形だ。

日食の工場は周囲の都市化に伴い、昭和38年（1963年）に由仁町に移転したためこの建物はマンション開発に伴い、地域FMの三角山放送局によって保存・管理されている。

内装の小屋組みは下屋とハイサイドライト一体となった洋組だ。

日本食品製造合資会社旧工場

札幌市西区八軒1条西1丁目13-1

竣　工／1929年
階　数／平屋
構　造／レンガ造
延床面積／約240㎡
設　計／不明

札幌市資料館

［旧札幌控訴院］

現存最大級の軟石建築

大正15年（１９２６年）に、札幌控訴院として建てられ、裁判所の移転に伴い、昭和48年（１９７０年）、札幌市資料館として開館した。

南区石山で産出される札幌軟石を馬車鉄道で運び作られた建物で、様々な石加工技術が見られる。内部に煉瓦、外部に軟石を積み上げた組積造と、２階床・柱梁・階段を鉄筋コンクリートで作った混構造だ。門柱や外周柵も札幌軟石や登別中硬石が使用されている。

札幌軟石は戦後枯渇し、ほとんど採石されなくなり、南区常盤にある辻石材の採石場を残すのみである。

道路を挟んだサンクガーデンゾーンは資料館の前庭となっており美しいバラ園もある。（平成 22年改修）

札幌市資料館

札幌市中央区大通西13丁目

竣　　工／1926年
階　　数／2階建
構　　造／組積造（レンガ及び軟石）、RC造
延床面積／850㎡
設　　計／司法省会計課 浜野三郎

八紘学園資料館

［旧吉田牧場畜舎サイロ］

まち中の牧歌的な専門学校

八紘学園は、昭和6年（1931年）開校した全寮制の農業専門学校であり、豊平区に約63ヘクタールの敷地を所有している。道内と道外出身者の学生の割合及び、農家とそうでない家庭の出身者の割合は、ほぼ半々である。吉田善太郎が明治30年に、現在の八紘学園牧場地に吉田牧場を開設したのが始まりだ。吉田は、月寒・清田・北野・大谷地一帯に農場を経営し、吉田水路の開削や兵営用地の寄付など旧豊平町の開拓の功労者であった。その後、一帯の農場敷地を八紘学園創設者である栗林元二郎が購入、学園を開学する。

敷地内には、明治42年（1909年）吉田の別邸として建てられ、その後、栗林の住まいとなった洋館や旧吉田牧場畜舎・サイロがある。札幌軟石積みの躯体上に、赤い鉄板葺きの屋根が乗っている。当初サイロは、1棟で高さ9・1メートル、直径7・6メートル、収容能力は300トンであったが、改築し現在のように2棟となった。

吉田善太郎の子孫は、その後競走馬の育成に転じ、その曾孫たちが、社台ファームやディープインパクトを送り出したノーザンファームを経営している。

八紘学園資料館

札幌市豊平区月寒東1条13-3-16

竣　工／1904年
改　修／1943年 サイロ改修
階　数／平屋
構　造／木造
延床面積／450㎡
設　計／不明

牛舎は現在は資料館になっている。敷地東側の農産物直売所で売られている牛乳やソフトクリームは札幌在住の人にも人気だ。

近藤牧場

札幌市内に残る数少ない木製サイロ

令和2年集計で、北海道は全国の肉用牛の21パーセントに当たる52万頭を飼養しており、乳用牛は全国の43パーセントに当たる33万頭を飼養している酪農王国である。（農林水産省畜産統計より）

しかし、札幌市内の牧場で昔ながらのサイロを使っている牧場は数える程しかない。北海道大学第二農場や、八紘学園でもサイロは見ることはできるが、大正4年（1915年）に酪農を始めた近藤牧場には、構造種別の異なった2本のサイロが建っている。

1本は、札幌軟石を使った石造サイロで、1本は、木軸型枠にコンクリートを打設し表面を下見張りにした木製サイロだ。

近藤牧場

札幌市北区新川694-1

竣　　工／1925年
階　　数／平屋
構　　造／レンガ造、石造、木造
延床面積／約500㎡
設　　計／不明

珍しい下見張り木製サイロ。

旧小熊邸

ライトの影響だけじゃない、田上義也

田上義也《たのうえよしや》は、大正８年（１９１９年）帝国ホテル建設事務所に入所し、フランク・ロイド・ライトと出会う。関東大震災によって北海道に居を移し、設計事務所を開設した。その５年後の昭和２年（１９２７年）、旧小熊邸は建築された。現在の建物は保存運動の末、藻岩山麓に移築再現されたものだ。

深く張り出した軒、大きな亀甲窓、外壁の羽目板による水平性の強調などのデザインが特徴だ。シンメトリーの翼の様に張り出した庇は、ライトの影響以上に、東京の小菅集治監と同様ドイツ表現主義の影響を感じさせる。この旧小熊邸は辺境に木造で作られた時代を表象する建築なのだ。寒地住宅の基礎を作った田上は、北海道へ向かう列車の中でジョン・バチェラー（宣教師）と出会い、その後「バチェラー学園」と深い関係を築いていくことになる。

現在の内部は、フィッシング・アウトドア用品コーナーとカフェスペースになっている。再現ではあるが、とても良くできている

旧小熊邸

札幌市中央区伏見5丁目3-1

竣　　工／1927年
再　　築／1998年
階　　数／地上2階
構　　造／木造
延床面積／145㎡
設　　計／田上義也

有島武郎旧邸

我が真生命の生れし故郷ハ実ニ札幌なりき

明治34年(1901年)7月23日の手帖から

有島武郎《ありしまたけお》は、明治11年（１８７８年）東京で生まれ、札幌農学校予科に編入、明治41年（１９０８年）には大学予科教授となる。北12条西３丁目にこの自邸を新築するが、妻の結核発病により札幌を去る。その後発表される代表作「生まれ出づる悩み」「カインの末裔」「正座」は札幌を舞台としており、有島の札幌への想いの深さが判る。

　間取りや和洋折衷だけではなく、マンサード屋根や窓のデザインも有島が設計したと言われている。景色の良いマンサード部分の屋根裏を客間と書斎にしている点や、玄関上部を来客用応接に当てている点にオリジナリティーを感じる。「星座」の中での農学校演舞場を背景とした美しい描写と印象が重なる建築だ。

長押を分断して挿入された背の高いモダンな上げ下げ窓。井形と菱形を組合せた格子は、17世紀ニューイングランド風だ。

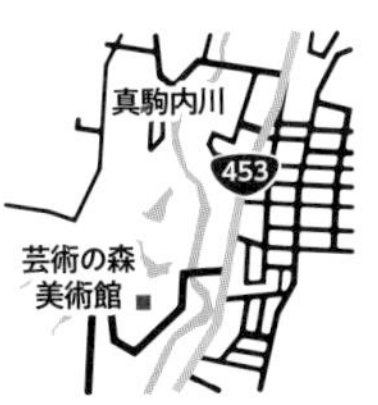

有島武郎旧邸

札幌市南区芸術の森2丁目75

竣　　工／1913年（1986年札幌芸術の森内に復元）
階　　数／地上2階
構　　造／木造
延床面積／259㎡
設　　計／有島武郎

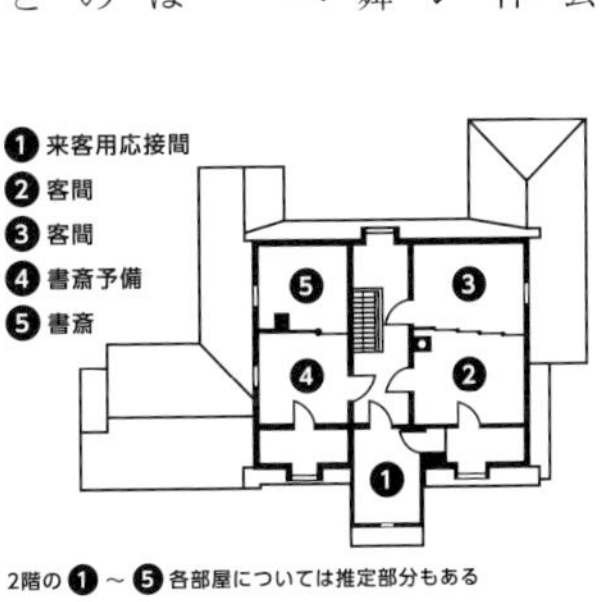

2階の❶～❺各部屋については推定部分もある

北海道開拓の村

北国の歴史と建築を凝縮した、野外博物館

スェーデンのストックホルム観光の目玉に「スカンセン」という世界最古の野外博物館がある。

同じ野外博物館である「北海道開拓の村」は、多くの下見張り木造建物や軟石蔵など、札幌における開拓以降の建築を一挙に見る事ができる施設だ。

開拓当時の生活を体感的に理解し、建造物を保存・伝承することを目的に、１９８３年、野幌森林公園の一角に開園した。明治から昭和初期までの北海道各地52棟の建造物を移築復元・再現している。

漁村・市街地・山村・農村、４つのエリアに、風景をも再現した素晴らしい野外博物館になっている。

漁村エリアにある「旧土谷家はねだし」は鰊漁家の付属施設として海岸の地形に合わせ海側へ跳ね出す形で建てられた倉であり、漁具、漁穫物、魚粕・身欠鰊・数の子などの加工品を収納するために使用されていた。

百年記念塔

昭和45年（1970年）に北海道百年記念事業の一環として、開拓の村手前に、コルテン鋼の外装を纏った100mタワーを建設した。設計はコンペを制した工業高校出身の井口健。井口は、1968年竣工の北海道庁舎設計者でもある。
老朽化から2023年1月、惜しまれつつ解体が始まった。

旧土谷家はねだし

市街地エリアにある「旧札幌農学校寄宿舎」は札幌農学校が現在の北大敷地に移転した明治36年に新築、同40年に「恵迪寮《けいてきりょう》」と命名され、バンカラな自治寮に発展していく。「都ぞ弥生」に代表される寮歌と共に「恵迪寮」は現在も北大生の誇りの表象となっている。

山村エリアにある「旧平造材部飯場」は、荒々しい皮つ

旧田村家北誠館蚕種製造所

旧平造材部飯場

旧札幌農学校寄宿舎（恵迪寮）

き丸太の小屋組みが目を引く木材造材の飯場を再現したものだ。

農村エリアの「旧田村家北誠館蚕種製造所」は東京蚕業試験場の蚕室を参考に、明治38年に建築したもので、蚕種の製造販売と養蚕技術者養成を行っていた。

旧来正旅館

北海道開拓の村

札幌市厚別区厚別町小野幌50番-1

左　旧広瀬写真館
北側の屋根をシングルスラントと呼ばれた斜めのガラスで作られている。大正末期の岩見沢の写真館である。

右　旧近藤染舗
近藤染舗は明治31年（1898年）に創業された旭川で最も古い染物店で、現在も旭川で営業している。この建物は新築に伴い移築された店舗兼住宅である。

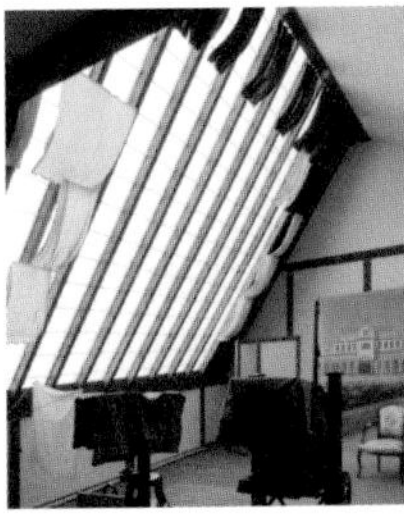

旧黒岩家住宅

［旧簾舞通行屋］

開拓使建築と和建築の合体

　平岸から定山渓中山峠を越えて虻田方面に通じる本願寺道路の１本が、明治４年（１８７１年）に開通した。

簾舞通行屋《みすまいつうこうや》は、その宿泊・休憩所だった。札幌近郊の通行屋・駅逓所《えきていしょ》は７カ所設置されていた。簾舞の他には、対雁・

篠路・厚別・島松・三樽別・定山渓に建てられたが、簾舞だけが現存している。

　新道建設に当たり明治20年（１８８７年）、現在地に解体して移築、東側部分が新棟として増築された。この建物は通行屋屋守である屋守・黒岩清五郎の住居でもあった。現在は、簾舞郷土資料館として本願寺道路や通行屋、簾舞の郷土資料が展示されており、４代目当主、黒岩裕さんが説明をしてくれる。

　旧棟は開拓使建築のため使用材断面は大きいが、断熱性のないキングポストトラスの小屋組の建築だ。納戸・馬小屋を追加した新棟は大工の手慣れた和小屋組でできてはいるが仕様は低い。屋根は一体となっているものの、外観からも仕様・時代の異なった増築建物の様子がみてとれる。

屋根を見上げると、移築した旧棟のハーフティンバーの妻壁から庇が60cm程軒が出ており、その延長の小屋組が和小屋に切り替わっている部分が露出している。

旧棟は庇を支える柱があるが、新棟は垂木で支えている。外壁も旧棟は漆喰、新棟は板張りとなっており、開拓使建築が品格・構造安定を求めていた事が解る。

旧黒岩家住宅

札幌市南区簾舞1条2丁目

竣　工／1872年（旧棟）、1887年（新棟）
階　数／平屋
構　造／木造
延床面積／99㎡（旧棟）、102㎡（新棟）
設　計／不明

エドウィン・ダン記念館

北海道酪農の起点

北海道の酪農を語る時に忘れてはならない人がいる、エドウィン・ダンだ。記念館は明治13年（1880年）旧北海道庁真駒内種畜場事務所として建設された。薄ピンクの下見張り外装とアーケード付テラスなど開拓使時代の洋風建築の特徴を持っている。

天井は木製格天井、長押をまたぐ高窓など、当時の折衷様式の特徴が見られる。

黒田清隆に開拓使顧問に推挙されたホーレス・ケプロンの求めに応じ、開拓使が購入した140頭の牛羊と共にエドウィン・ダンは来日、明治9年（1876年）に来札した。真駒内牧牛場・新冠《にいかっぷ》牧馬場を開設、乳製品製造・北海道酪農の基礎を作った。

　ダンの教える札幌農学校に町村金彌《まちむらきんや》が明治10年に入学。畜産・酪農を学び、開拓使御用掛になった。

　金彌は、白石地区にダンが模範とした有畜農業ではなく政府が主導するアメリカ式畜舎とサイロを持つ農場を拓いた。金彌の息子である町村敬貴は、石狩郡樽川にホルスタイン種の乳牛生産を目的に「町村農場」を開設した。その後、北海道酪農の父と言われる宇都宮仙太郎が、牛馬の厩肥《きゅうひ》を肥料として活かす循環型の有畜農業（デンマーク式農法）へ回帰する。宇都宮は金彌の意思を継ぎバターの製造を始め、初のホルスタインを輸入する。後の雪印乳業へと繋がっていくのである。連綿と続く北海道酪農の系譜の始まりがここにある。

現在も北海道大学獣医学研究院で飼育される乳牛。

エドウィン・ダン記念館

札幌市南区真駒内泉町1丁目6-1

竣　　工／1887年
階　　数／地上1階
構　　造／木造
延床面積／231㎡
設　　計／農商務省北海道事業管理局

めばえ幼稚園

フィンランドからの80年前の贈り物

市内の幼稚園で目を引くのは、クリーム色の下見張りと正面2階の切妻を特徴とする素朴な造りの札幌ルター学園めばえ幼稚園だ。日本福音ルーテル札幌教会によって、フィンランドの幼児教育理念を基に、フィンランドからの献材を使って建てられた。設計施工は、当時の洋館の棟梁であった三浦建築工務所。三浦は北海学園旧宣教師館の施工でも有名だ。

［札幌とキリスト教］

札幌とキリスト教の関りは開国を機に横浜・熊本・札幌を基点としたプロテスタント宣教活動の活発化が起点だ。

アジア宣教、まさに日本における映画「ミッション」である。北海道のキリスト教はプロテスタント・カトリック共に函館に拠点を構えていた。ニコライがもたらした日本初の正教会の教会もまずは函館に建てられた。

開拓使の札幌本府造営に伴い、キリスト教は札幌に進出する。明治8年（１８７５年）小さな集会が開かれたのが札幌におけるキリスト教の始まりと言われる。キリスト教の学校ではない札幌農学校の1期生全員が、伝道師でもないクラーク博士の影響から洗礼を受けている。2期生の約半数を加え、新渡戸稲造・内村鑑三・宮部金吾ら18名は、札幌バンド（信徒の集団）と呼ばれ、教派や「ミッション」とは無関係なプロテスタント教会、札幌基督教会へと発展していく。しかし、札幌日本基督教会、バチェラーが宣教後にアイヌ保護・伝道を行う日本聖公会、メソジスト監督教会（美以教会）が勢力を伸ばしていったのに対し勢力を縮小していく。

１９００年代に入るとプロテスタント諸教派を筆頭に、

ローマカトリック・ハリスト正教会等の教派が数百倍に信者数を増やしていく。札幌美以教会が創成川沿いに札幌軟石の会堂を完成させた時期だ。この時期の教会を支えたのは資力のある商人層であったため、多くの会堂が建設される。その中では現在の日本キリスト教会である札幌日本基督教会が最大勢力であった。

戦前までに、北欧のルター派が政治と密接に結びついた北欧から福音ルーテル教会が、アメリカで生まれた新しい宗教運動であるモルモン教やエホバの証人など多くの教派が札幌に進出してくる。

1887年に来札したサラ・C・スミスが始めた女子教育が、札幌のミッションスクール第1号の北星女学校として結実する。カトリック教会もフランシスコ修道院が札幌藤高等女学校を作り、札幌日本基督教会は現在も健在な桑園幼稚園を開園する。

戦争に対して、聖公会のバチェラーを筆頭にした開戦擁護派に対し、内村鑑三や札幌美以教会は非戦を唱える中、大政翼賛会が発足する。1939年に宗教団体法が発布されるとローマカトリックが日本天主公教教会に再編され、プロテスタント諸派も1941年日本基督教団に合同されていく。

しかし、敗戦によって宗教の自由が確立すると、聖公会・福音ルーテル教会など諸派は再び分離独立していき、ほぼ現在の会派分けに落ち着く。

1970年代に入ると、伝道のための教会付属幼稚園は学校法人化していき、キリスト教と幼児教育の関係は薄れていく。

映画「ミッション」は悲劇で終わるが、札幌のキリスト教は街の発展と共に教育・文化に多大な貢献をしてきた。

この解説は、膨大な資料を元に札幌のキリスト教の通史をまとめた鈴江英一氏の「札幌キリスト教史」を全面的に参照・参考にさせて頂いた。

日本キリスト教団札幌中央教会

1972年に札幌北光教会から分離し独立してできた教会で、設計は石狩市民図書館を代表作とする竹山事務所出身の下村憲一、構造はRC造である。

南23条西9丁目3-17

日本福音ルーテル札幌教会

幼稚園の隣に建つ、札幌に現在三つの教会を持つルター派のプロテスタント教会だ。1916年にフィンランドから来た宣教師によって北海道に定着した。

南12条西12丁目2-27

日本基督教団札幌教会

市内に16カ所の教会を持つ日本基督教団の教会であるが、日露戦争開戦で物資の少ない1904年に札幌軟石張りの木造ロマネスク風の礼拝堂として建設された。設計は北海道庁土木科の間山千代勝で教団信者だった。

北1条東1丁目

めばえ幼稚園

札幌市中央区南12条西12丁目2-27

竣　　工／1936年
階　　数／地上2階
構　　造／木造
延床面積／300㎡
設　　計／三浦建築工務所

北海道大学植物園

下見張りの可愛い木造建築が点在する、植物園

明治10年（1877年）札幌農学校の教頭だったクラーク博士が、開拓使には植物園が必要であると進言したことに始まり、その植物園用地が札幌農学校に移管され、現在に至る。約13万平方メートルの敷地内には、北海道の草本類や高山植物など約4000種類の植物が育成保存されている。

敷地内の木造建築群は、明治15年から大正13年に建てられた6つの重要文化財の他、バチェラー博士の自邸も記念館として移築されている。

今も現役の博物館として使用している下見張り外壁に切妻部分はハーフティンバー様式風の「博物館本館」は、明治15年（1882年）に建てられた日本で一番古い博物館だ。アメリカ人建築家ベートマンの原案、開拓使工業局が設計した。木造2階建、延床面積260㎡。

博物館本館

建築当初から設置させている博物館内の専用陳列ケースには絶滅動物の剥製が展示されている。

ジョン・バチェラー博士は、英国聖公会宣教師として23歳で来日、アイヌ民族への伝道と救済・教育とその生活改善のために北海道各地で愛隣学校をつくった。そして1919年バチェラーは「アイヌ伝道団」を発足し「アイヌ保護学園」という組織を設立する。自宅敷地内に、25歳の若き田上義也の設計で寄宿舎を建設する。後の「バチェラー学園」となっていく。

バチェラー記念館

アイヌ研究の父と呼ばれるバチェラー博士の旧宅。1962年北3条西7丁目から移築。 施工 伊藤組／竣工 1898年／総2階建、全面下見板張、寄棟屋根鉄板葺／延床面積 130㎡

植物園門衛所

計八角形受付と石綿スレート葺妻切の組合せ、縦横張にハーフティンバーのデザイン。 設計 新山平四郎／竣工 1911年／木造平屋、切妻造／延床面積 18㎡

博物館倉庫

マンサード屋根に鉄板葺、無塗装の下見張り。 竣工 1884年／木造2階建／延床面積 50㎡

高山植物エゾフウロ

日高海岸沿のヒダカミセバヤ

植物園はかつてのチェブンベツ川の「メム」の場所だ。泉が湧き出る微地形の原生林は開拓当時の趣を残している。

北海道大学植物園

札幌市中央区北3条西8丁目

北海道大学キャンパス

建築で時代の重層性を体感できる、札幌の中心的風景

旧札幌農学校昆虫学及び養蚕学教室

旧札幌農学校昆虫学及養蚕学教室は、昆虫学の祖、松村松年《まつむらしょうねん》が研究室として使用した北大最古の木造建物で、シンメトリーな上げ下げ窓と漆喰塗外装が特徴だ。交流プラザ「エルムの森」として広報センター用に使われてきた。

設計者の中條精一郎は明治32年文部省技師となり札幌農学校の建物群の設計を行った後、東京の丸の内で曽禰達蔵と共に曽禰中條建築事務所を開設し、日本郵船ビルなど多くの名作事務所ビルを設計した。

東京で曽禰中條の設計したビルはほとんど残っていない。保存再生の狭間問題だ。

北海道大学敷地図 一部

旧札幌農学校昆虫学及び養蚕学教室

札幌市北区北9条西8丁目

竣　　工／1901年
階　　数／地上1階
構　　造／木造
延床面積／397㎡
設　　計／中條精一郎

北海道大学古河記念講堂

古河財閥の寄付により林学科教室棟として建設されたルネッサンス様式。 設計 新山平四郎／竣工 1909年／地上2階／木造／414㎡

北海道大学キャンパスに、古河記念講堂や旧札幌農学校昆虫学及び養蚕学教室など１９００年代の木造建築から、太田実のモダニズム建築、機能に合わせた時代時代の特徴を持つ建物が建てられて来た。教室がタワー化されていないため、キャンパスに趣がある。

理学部の裏手から第1農場に至るポプラ並木は、北大の代表的な風景でありながら倒木の危険から立入禁止になっている。

北海道大学建築都市
デザインスタジオ

工学部の共用実験棟。唯一のガラス建築。 設計 北海道日建+小林英嗣・北大施設部／竣工 2009年／地下1階地上2階／ RC造、鉄骨造／ 2560㎡

北海道大学総合博物館
（旧理学部本館）

札幌農学校以来の学術標本類を集約・管理する博物館。スクラッチタイル、テラコッタ貼。 設計 萩原惇正／竣工 1929年／地上3階／ RC造

遠友学舎

母校札幌農学校教授になった新渡戸稲造が貧困児童のために開いた無料の夜学、遠友夜学校に由来。 設計 小林英嗣・小篠隆生・アトリエアク／竣工 2001年／地上1階／木造／ 266㎡

旧札幌農学校図書館書庫

普通煉瓦と腰積に焼過煉瓦の2種類を使った耐火倉庫。 設計 中條精一郎／竣工 1902年／地上2階／煉瓦造／ 119㎡

雪の風景

雪は天から送られた手紙である

中谷宇吉郎の言葉から

雪に落ちる林の影（札幌芸術の森の版画工房裏手）

　札幌市の人口１９７万人（２０２３年現在）は、全国５番目の都市人口だ。最深積雪は１・３メートル、年間降雪量は５メートル。２００万人都市で１メートル以上の積雪のある豪雪都市は、世界で札幌以外に無い。都市機能維持に掛る除雪予算は約２８０億（２０２３年）。重機による深夜の除雪、凍結防止剤の散布、堆雪場の設置などに加え、市内７カ所に流雪溝（投雪し河川まで雪を流す下水溝）を設置している。

　札幌で雪と言えば、中谷宇吉郎だ。中谷は、現在の気象予測の基礎を築いた北大教授。人工的に雪を作る研究に成功し、雪を見て上空の大気状況の把握が可能となった。

気温は0度以下。パウダースノーのまま様々な物の上に堆積している。

歩道両側の除雪された雪の上に更に積もった雪で左右が見えない。

深夜に大型除雪ローリーが除雪・道路拡張、トラックにブロアで投雪する風景。

歩道に埋設されたロードヒーティングが雪を溶かしている。

大倉山ジャンプ競技場

旧大倉シャンツェ

このジャンプ台は、昭和3年に秩父宮殿下から世界的なシャンツェの建設について口添いがあり、建設費などを大倉喜七郎男爵が私財を投じて提供した。昭和6年、大倉土木株式会社(現大成建設)が工事を引き受け、日本初の60メートル級のシャンツェが完成した。竣工後、大倉はこのシャンツェを札幌市に寄贈したため、大倉男爵の厚意に報い「大倉シャンツェ」と命名された。

昭和45年、札幌冬季オリンピックに向けてK点110メートルの大改修を行い、「国立競技場大倉山ジャンプ競技場」と改名された。現在はK点213メートル、ヒルサイズ137メートルまで拡張されている。

雪の無い夏の時季には、レールの上に水を流す事でジャンプができる仕組みになっており、展望台やレストランが併設されて1年中利用できる施設になっている。

大倉山ジャンプ競技場

札幌市中央区宮の森1274

改　　修／1970年
階　　数／なし
構　　造／RC造
延床面積／1161㎡
設　　計／坂倉建築研究所

幌見峠ラベンダー園

富良野だけじゃない、札幌のラベンダー畑

この園は昭和62年（1987年）120株のラベンダーを植えたのが始まりで、現在では約7000株に増えたという。札幌の小高い丘の上から、札幌の町並みが一望できる。

ラベンダーで有名なのは富良野だが、栽培発祥の地は札幌市南区南沢だ。化粧品香料の国産化の為に、札幌南ノ沢の麻田農場16・4ヘクタールに植えられた。今の「東海大学札幌キャンパス」である。近くの南沢神社の境内には、由来を記す記念碑もある。

駐車場代を払えば
無料で見学できる。

幌見峠ラベンダー畑

札幌市中央区盤渓471番地110

羊ヶ丘展望台

農業研究施設は、ここ羊ケ丘で始まった

羊ヶ丘展望台は、札幌に居ながら、北海道らしい風景を見る事ができる牧草の丘陵だ。牧草地の奥正面に、札幌ドームの威容を臨む。明治39年（1906年）牛や豚、綿羊などの研究施設として、この地に月寒種牛牧場が設立した。その跡地のイコンとして「羊の家」に羊が飼われている。ここのコリデール種の羊は、大正3年（1914年）北海道に初めて輸入された羊の種類で、産毛用だけでなく肉用にも適した羊だ。

羊ヶ丘展望台

札幌市豊平区
羊ケ丘1番地

観光客が写真を撮る
クラーク博士の立像
はここに建っている。

チープな小屋に丸太
の背板を張り付けた
「羊の家」。

コーデル種の羊。

札幌芸術の森野外美術館

北海道の自然環境を謳歌する、屋外彫刻群

札幌芸術の森は「芸術都市さっぽろ」のシンボルとして約40ヘクタールの広大な自然環境の中に、美術館や各種クラフト、美術の体験ができる施設、工芸制作用の貸工房や練習・発表・研修用の貸施設が点在している。札幌ゆかりの作家の作品および国内外の近現代美術などを、コレクションの核として、昭和61年（1986年）開園した。大正2年（1913年）に建てられた有島武郎旧邸も敷地内に移築復元されている。

札幌芸術の森野外美術館は札幌芸術の森と同時に開館。7・5ヘクタールに及ぶ起伏に富んだ緑豊かな敷地のなかに、日本を中心とした現代を代表する彫刻家たちの作品をはじめ、イスラエルの彫刻家ダニ・カラヴァンによる壮大なスケールの作品や、札幌市の姉妹都市からの寄贈作品など、65作家、74点の彫刻を常設展示している。ほとんどの作品が、この場所のために新たにつくりあげられたものだ。

野外美術館には、佐藤忠良記念子どもアトリエがある。

佐藤忠良記念館からみる屋外美術館のランドスケープ。

北海道を背景とし環境に配慮した「風景としての建築」を設計コンセプトにしているアトリエアクの設計だ。アトリエの機能は、彫刻鑑賞と自由な活動、触ってつくる場である。解説には、スケールをやわらげ、まわりの環境へのみ込まれていくことを意図したと書かれている。

野外美術館で印象的なのは、砂澤ビッキの作品だ。ビッキは1931年、旭川市生まれ。木という素材に向き合い続け、木に宿る「樹氣《きき》」をあらわにすることに挑んだ作家だ。北海道の豊かな木材資源をもとに、ダイナミックな造形を手がけた作品「風」のシリーズのひとつ「四つの風」がここにある。自然と同化しつつ、力強く躍動感のあるかたちが表現されていてビッキの自然への畏怖の念を体感させてくれる。

「四つの風」

札幌芸術の森野外美術館に30年前に展示され、自然の成り行きに任せ倒壊。最後の1本のみ残っているビッキの遺作。

ビッキが南アメリカのトーテムポールに影響を受け製作した「オトイネップタワー」の一部。

音威子府の「砂澤ビッキ記念館」にはこのタワーを含めビッキの作品数百点が展示されている。

美術館に向かう前庭の池と木工房。

札幌芸術の森野外美術館

札幌市南区芸術の森2丁目75

開　　園／1986年
敷地面積／389653㎡
延床面積／15516㎡

モエレ沼公園

壮大なランドスケープ、人工の自然

モエレ沼公園は、もとは不燃ゴミの埋め立て地だった。そこを、市街地を公園や緑地の帯で包み込もうという札幌市の「環状グリーンベルト構想」における拠点公園として計画された。

基本設計は、東西の芸術精神を融合した彫刻家イサム・ノグチだ。昭和63年（１９８８年）札幌のハイテク企業社長に招聘され、３度来札、1年間で精力的に案を創った。

しかし、イサム・ノグチは着工を前に急死してしまう。同年に着工し、「全体をひとつの彫刻作品とする」という遺されたコンセプトのもとに造成が進められた。そして平成17年（２００５年）にグランドオープンした。

市街地から、豊平川の土手を通ってモエレ沼公園にアプローチすると、正円錐型の緑の小山が見えてくる。高さ60メートルのモエレ山だ。瀬戸内海の犬島の花崗岩を99段積み上げた石のピラミッ

ド、ガラスのピラミッド、直径48メートルの大噴水など、大地を彫刻し、幾何学的要素のランドスケープを創り出している。

モエレ沼公園

札幌市東区モエレ沼公園1-1

竣　　工／1982年
敷地面積／188.8ヘクタール
外周長さ／3.7Km
基本設計／イサム・ノグチ

モエレ沼公園内 ガラスのピラミッド

札幌市東区モエレ沼公園1-1

竣　　工／2003年
階　　数／地上3階
構　　造／RC造、S造
敷地面積／5328㎡
基本設計／アーキテクトファイブ

マクンベツ湿原木道

石狩平野が湿原だった、記憶

マクンベツ湿原は、かつて湿原地帯だった札幌北部の記憶を残す１３０ヘクタールの湿原である。ハンノキ林とヨシ群落からなっており、４月から５月は、水芭蕉の大群落の鑑賞地として人気が出てきている。

この湿原のある石狩市西部石狩川下流部は、豊かな緑と共に、札幌の歴史の重層が感じられる地域である。紅葉山や屯田墓地など、発寒川沿いに少し小高くなった地形がある。縄文時代、海に突き出した砂州であった紅葉山砂丘の痕跡である。

また、茨戸川緑地のある茨戸川は石狩川の氾濫を抑えるために、昭和８年（１９３３年）に石狩川のショートカット工事によって切り離されて湖になったものだ。

5月初旬には水芭蕉の花が見られるが、6月に入ると葉だけ伸びた状態になる。

マクンベツ湿原木道

北海道石狩市船場町

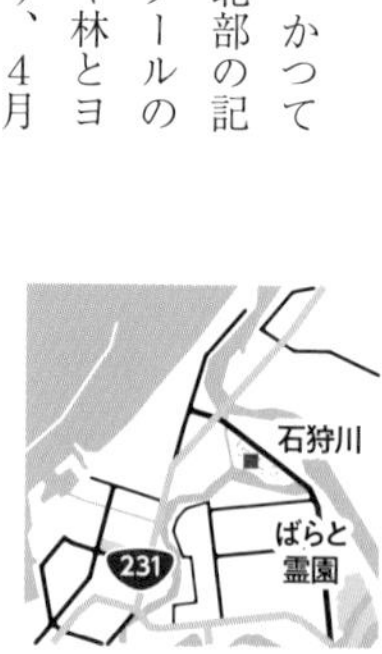

現在も成長する砂州の記憶 ハマナスの丘公園・石狩灯台

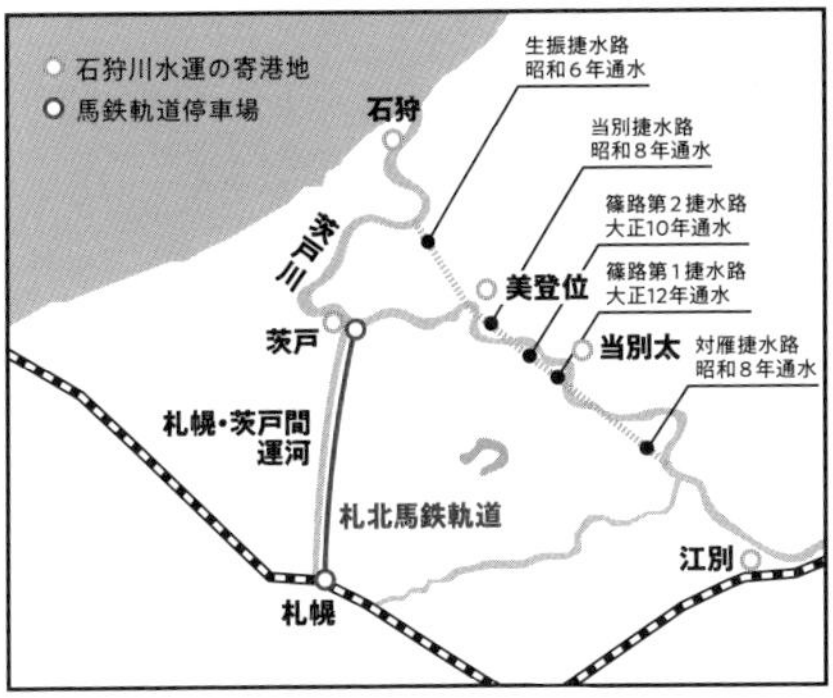

石狩川をショートカットし茨戸川が湖として残った。

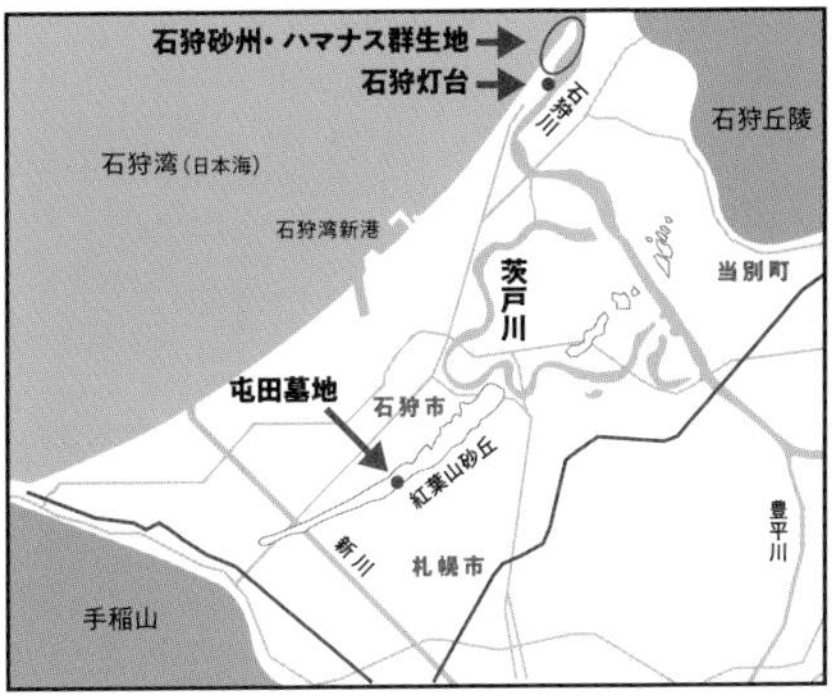

縄文時代、石狩平野が海だった時代の砂州の跡が紅葉山砂丘であり、砂丘部分には、縄文遺跡などが多数出土している。

小高くなった屯田墓地も紅葉山砂丘の一部。

石狩砂州は現在も伸び続けている。そのため石狩灯台は砂州先端から離れた内陸部に建っている。

ハマナスの丘公園
6月から砂場一面に順次開花するハマナス。

紅葉山通りから紅葉山砂丘を見ると少しこん盛りしておりかつての砂丘が感じられる。

円山・円山公園

コンパクトシティー札幌を実感する、街に隣接する自然

標高２２５メートルの円山は人の手が入った天然林であり、現在「円山原始林」として天然記念物に指定されている。そのため、木・花・石などの採取は禁じられている。

円山の北の麓には、開拓使によって北海道神宮（当初は札幌神社）が造られた。札幌近郊の入植者には四国出身者が多かったため、山中に円山八十八箇所が作られている。円山は、登り1時間、下り40分の自然歩道があり、円山八十八箇所と共に桂の巨木がたくさん生えている。桂のねじれながら成長する様は、ダイナミックな躍動感がある。

麓の円山公園は、桜前線が梅前線に追いつくため、春には梅と桜が同時に咲く風景が見られる。

桂の幹は捩り上がりながら成長していく。

麓は公園として整備されている。

エンレイソウ

北海道大学においては学内のサークルや会合、機関紙や冊子、敷地内の施設などの命名にエンレイソウまたは延齢草の名がよく使われている。

ニリンソウ

根茎は「地烏（ジウ）」と呼ばれ漢方薬として用いられる。また、若葉は山菜として食用とされ、アイヌは冬季の重要な備蓄食料として5月~6月に採集した。

ヒトリシズカ

かつては「吉野静」といった。『和漢三才図会』には静御前が吉野山で歌舞をしたと書いてあり、その後、静の美しさになぞらえたもの。

クルマバソウ

「車葉草」の意で、輪生する葉の形や大きさに違いがなく、放射状、車輪状に見えそのつき方から「車葉」の名がついた。

円山・円山公園

札幌市中央区円山

北海道神宮

北海道神社行政の中心地

開拓判官・島義勇が、大国魂神・大那牟遅神・少彦名紙の霊を札幌に運び「札幌神社」を造営したのが始まり。昭和39年（１９６４年）明治天皇を増祀した際「北海道神宮」に改名した。戦時中は台湾・朝鮮に建立される外地神社のモデルとされた。境内には三社の境内社がある。開拓神社は、松浦武四郎をはじめ開拓に尽力した37人が、祀られている。あと二社は炭鉱での鉱山殉職者を慰霊する鉱霊神社、北海道経済の礎を築いた北海道拓殖銀行の功労者をまつる穂多木神社である。北海道神宮の特徴は、玉垣《たまがき》内に真っ直ぐな桧科《ひのきか》の椹《サワラ》の大木がたくさん生えていることだ。自然の中の神社として独特の空気感がある。本殿は、外削型千木《そとそぎがたちぎ》と大き目の鰹木の切妻平入神明造だ。

北海道神宮

札幌市中央区宮ケ丘474

新社殿竣工／1978年（現建物）
階　　数／平屋
構　　造／木造
延床面積／465㎡（幣殿・拝殿含む）
設　　計／神社庁

2019年境内に開設されたお休み処「神宮茶屋」、運営は「きのとや」。

2000年に休憩所としてスタートした老舗和洋菓子店「六花亭神宮茶屋店」。

北海道神宮の敷地内の梅林は桜の並木と隣接している。北上してきた桜前線が遅い梅の開花に追いつくため、春には梅と桜が同時に咲いている風景となる。

スターバックス札幌宮ケ丘店は、表参道沿いにあり2階から境内の緑を望める。

茅の輪くぐり

茅の輪くぐりは夏越の祓のひとつで茅（ちがや）で作った直径数メートルの輪をくぐることで穢れを落とし身を清める儀式である。

「祓い給へ清め給へ守り給へ幸え給へ」と唱えながら、左、右、左とくぐった後お参りする。

中村記念病院

主張するデザイン、造形の時代

竹山實は、建築史家チャールズ・ジェンクスとの親交が厚く、1960年代のカウンターカルチャーを旗印にしたポストモダン建築家である。札幌出身で、実家は佃煮で有名な36号線沿いの竹山食品だ。昭和47年(1972年)の札幌オリンピックに際して、竹山がシルバーとブルーの斜めストライプの外装を付加したため、異彩を放っている。札幌と東京青山の2拠点に事務所を置きアメリカでも活動し、倉本龍彦や下村憲一などの札幌の建築家を輩出している。

竹山が幼児期に見た札幌の原風景は、創成川に臨時で作られた見世物小屋や、戦時中防火帯として36号線北側の家々が解体される様子、そして牧

下村憲一氏 提供

解体されてしまったペプシ工場(三笠)

竹山の作品の多くは解体されてなくなっているが、札幌の建築家は一様に、12号線を走ると見えてくるペプシ工場のガラスのシリンダーとその内側の黄色い屋根に衝撃を受けたと語る。

中村記念病院

札幌市中央区南1条西14丁目291

竣　　工／1980年
階　　数／地上13階、地下1階
構　　造／RC造、SRC造
延床面積／17327㎡
設　　計／竹山實

歌的な北国の風景だった。その狭間で、特異な形態をしたドメスティックな建築や可動建築を設計した。しかし、その多くは既に解体されている。

　その中で中村記念病院は、現在も電車通りに面した医療センター地区の中ではっきりとした存在感を示している。

　竹山は脳神経外科というプログラムの中に、頭脳の機能と概念のずれといった現象を見出し造形することを試みた。既に解体された建物群と同じようにこの病院のグリッドや円の造形の中に、札幌の格子状都市の土着性を忍び込ませている。

軟石蔵にアルミを貼った実家。

中央区南５条東１丁目

札幌聖ミカエル教会

時代を先取りした地産材･地域の工法の展開

新発田《しばた》カトリック教会に結晶するレーモンドの木造小屋組シリーズのひとつで、トドマツの丸太によるシザーズトラスの小屋組みが特徴だ。レーモンド個人が無償で設計を引き受け、ステンドグラスはノエミ夫人がデザインした和紙だ。施工は竹中工務店で、担当が上遠野徹、ここから札幌のモダニズム建築の系譜が生まれた。

札幌聖ミカエル教会

札幌市東区北19条東3丁目

竣　工／1960年
階　数／平屋
構　造／煉瓦造、木造
延床面積／253㎡
設　計／アントニン・レーモンド

たくんち

寒冷地住宅のスタンダード確立に貢献した建築家

「たくんち」は、倉本龍彦（1946年生）の札幌市内にある代表作であり、かつては彼のアトリエであった。現在は「サッポロ珈琲館 月寒店」。外断熱の上に木製下見張で仕上げられた切妻の外観で、インテリアの曲線使いには時代を感じる。倉本龍彦のニセコの実家である「ばあちゃん家」の図面は、フランスのポンピドゥセンターにパーマネントコレクションされている。

そう、倉本は世界的なドメスティック建築家なのだ。

たくんち

札幌市豊平区月寒西1条7丁目1-1

竣　工／1972年
階　数／地上3階
構　造／RC造
設　計／倉本龍彦

上遠野徹自邸

北のモダニズムの本流

上遠野徹邸は、日本文化とモダニズム、そして北国が融合した自邸だ。コールテン鋼のフレームにガスケット型コールテン鋼サッシ、ダイレクトゲインを取り込むように南面は全面ガラスだ。

内側コンクリートブロック・外側は江別の野幌煉瓦積みに内断熱を施し、床暖房・太鼓張りになった断熱障子など、フラットルーフ型雪国住宅のひとつの完成形であり原型を創り出した。

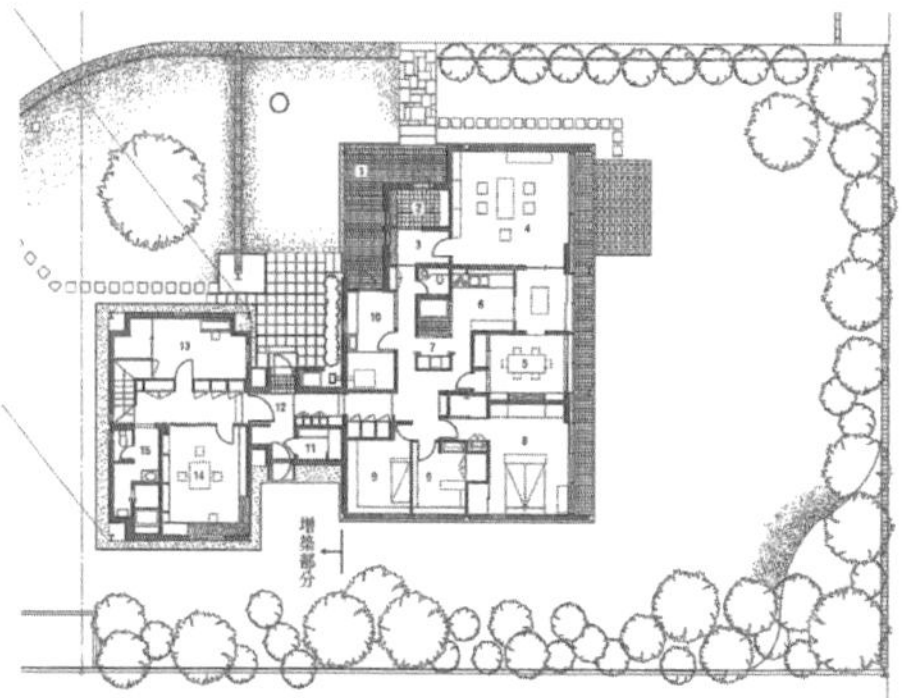

〈上遠野徹著『建築家の清廉 上遠野徹と北のモダニズム』より〉

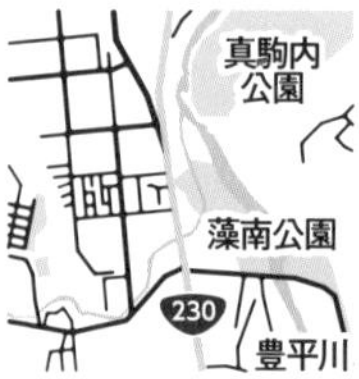

上遠野徹自邸

札幌市南区

竣　　工／1968年
階　　数／地上2階
構　　造／鉄骨造
延床面積／305㎡
設　　計／上遠野徹

上遠野徹邸のフレーム端部のエントランス。

当時と変わらぬ姿で使われている居間。

旧栗谷川邸

崖の上、樹木の陰に現れるバルコニー

同じ年に事務所を開設した2人の建築家がいた。上遠野徹と倉本龍彦だ。上遠野は、無落雪屋根など耐雪・防寒といった寒地住宅の基礎を作ったモダニストであり、ドメスティックな北国の建築のかたちを模索した。上遠野がミカエル教会でレーモンドと出会い、倉本が新進気鋭の竹山實と東京で出会い、北海道における現代建築の系譜が始まった。しかし、立ち現れる建築は対象的だ。上遠野はグローバルな正統モダニズムの世界観を、倉本はアーティステックな世界観を持っていたに違いない。現在の札幌の建築はこの2人に加え様々な経歴の建築家の影響を受けながら、北国建築の系譜を守り、受け継いでいる。旧栗谷川邸は、上遠野が竹中工務店時代に設計した住宅である。温水セントラルヒーティング・ペアガラス・断熱など先進的な技術が詰まっていた。細い丸鋼で支えられたキャンティレバーのテラスと、緑に溶け込む片流屋根が印象的だ。

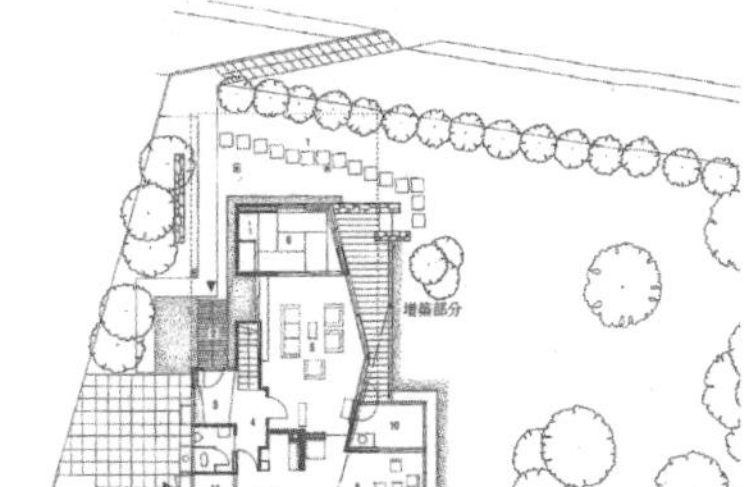

〈上遠野徹著『建築家の清廉 上遠野徹と北のモダニズム』より〉

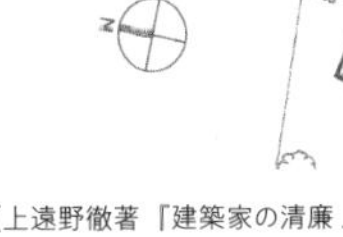

旧栗谷川邸

札幌市中央区

竣　　工／1961年
階　　数／地上2階
構　　造／木造
延床面積／170㎡（増築前）
設　　計／上遠野徹

百年記念会館

北大建築の源流、太田実

北大キャンパスの雪景色に溶け込む近代建築がある。その佇まいは、前池のある第二農場の風景を彷彿させる。煉瓦積みの切妻屋根に4つの黒いボックスを挿入した北大同窓生の交流施設、百年記念会館だ。内部の大きな切妻下の吹き抜けに浮遊する3階の空中歩廊と、両サイドの2階展示回廊が空間に変化・抑揚を与えている。

設計者の太田実は近代主義と地域主義の振れ幅の中で建築と都市を考えた、北海道建築教育の創始者だ。ギーディオンの「空間・時間・建築」を翻訳し、オリンピック村を初め道内の都市計画を先導した北海道建築界の重鎮だ。

東大大学院から親交のある丹下健三とは、丹下唯一の北海道での計画である稚内都市計画を協業している。

太田の代表作［クラーク会館］

北大創基80周年を機に、寄付によって建てられた国立大学初の学生会館だ。北大型と呼ぶ当初から大学が管理する運営で、大学闘争の際も閉鎖することはなかった。講堂や集会所を低額で貸し出している点に設立当時の精神が感じられる。水平軒庇の立面は、正統モダニズム建築、煙突のある素朴な東京文化会館といった所だ。

竣　　工／1962年
階　　数／地上3階
構　　造／RC造、鉄骨造
延床面積／6386㎡
設　　計／太田 実研究室

百年記念会館

札幌市中央区北9条西6丁目

竣　　工／1977年
階　　数／地上3階
構　　造／RC造、一部S造
延床面積／1293㎡
設　　計／太田 実+北海道大学
　　　　　創基百週年記念館設計JV

北海道開拓記念館

北海道開拓モダニズム

北海道開拓記念館は、北海道開拓100年を記念して建てられた歴史博物館だ。北海道立アイヌ民族文化研究センターを統合し、現在は北海道博物館になっている。縄文からアイヌ、開拓時代の記録を収蔵・展示している。

多くの庁舎・ホールを設計した佐藤武夫の最晩年の作品で、グランドホールの軸線上には百年記念塔がある。格子状鉄骨の屋根・天井をコンクリートの柱が支えている。化粧積の野幌レンガに合わせてデザインされた真鍮製の照明が外内観のポイントになっている。佐藤と北海道の関わりは、中学時代を旭川で過ごした経験があり、旭川市庁舎も設計している。開拓記念館同様、建築学会賞を受賞した。

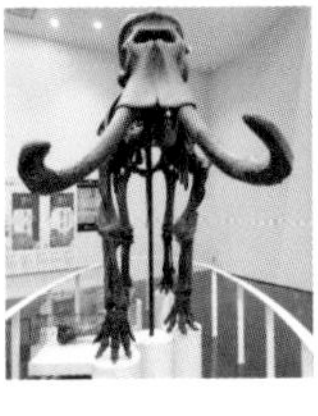

常設展示は約2万年前のナウマン象の骨格標本から始まり、アイヌ・函館戦争・明治維新を経て屯田兵開拓時代に至る歴史が概観できる。

北海道開拓記念館

札幌市厚別区厚別町小野幌53-2

竣　　工／1970年
階　　数／地下2階、地上3階
構　　造／RC造、SRC造
延床面積／8875m^2
設　　計／佐藤武夫

ある土曜日のこと

ある土曜日、月寒のサッポロ珈琲館に行くことにした。ホームページに、建築家の建てた住宅を店舗として利用していると書いてあったからだ。札幌都心部の碁盤の目を抜け出して晴天の豊平川を渡り、グーグルマップではわからない長い登り坂を上がり、平岸を抜けて月寒方向へ。月寒は、支笏山から流れ出た土石流が作った札幌扇状地の中で一段高い平岸面上にある。住宅街を下がったり上がったりした丘の上に、信号機と重なるように小さな切妻が建っていた。

あ、なるほど、これは明らかに建築家の手による建物だ。

象徴的な窓のない焦茶色の下見張りの家型の上部には、数種類の窓を組み合わせたハイサイドライトがある。トタンで包まれた量感のある屋根は、少しだけ軒が張り出しているので、まるで帽子を載せたように見える。外壁と道路の間の僅かばかりの地面には、何種類かの高さの違う下草がささやかに生えている。入り口は、敷地南側の庇のかかった小さな扉の部分だ。北方建築の断熱仕様を先導した倉本龍彦が設計したコンクリート造3階建、かつての彼のアトリエである。設計事務所とシェアしていた事もあったようだが、現在は全館カフェとして使用されている。

中に入ると、明るくて気持ちのいいカフェになっている。外観の窓デザインを踏襲した欄間と階段手すりの曲線デザインに、こだわりと時代性を感じる。

戦前に札幌からブラジルに先々代が移住したというシマダ農園産のブラジル珈琲をすすりながら窓の外へ目をやると、遠くに藻岩山が見えていた。

関口雄揮記念美術館

継承される北のモダニズム

２つの煉瓦張りの展示空間と、スチール製格子梁を１３０ミリ角の無垢柱で支えるラウンジ空間からなる私設美術館だ。視線を受ける位置に煉瓦壁が配置され、スチールの屋根が浮いた様に見える風景は、上遠野やミースを愛する北方モダニズムを感じる。「絵が故郷へ帰ってきた様な感慨」と関口が語るほどの場所と素材を厳選した建築だ。

1972年北海道に訪れた関口雄揮は、厳しく美しい北海道の自然に魅了される。「モノクロームの風景」の表現によって、戦後の風景画分野において独特な位置を確立し、記念美術館竣工後、2008年他界する。

関口雄揮記念美術館

札幌市南区常盤3条1丁目

竣　　工／2005年
階　　数／地上1階
構　　造／RC造、鉄骨造
延床面積／850㎡
設　　計／竹中工務店

左／渦潮 2003年
右／冬原 1978年（共に部分）
パンフレットより引用

札幌ドーム

市民に愛される、原広司のメガ建築

このドームは、２００２年サッカーワールドカップの会場として建設された。

敷地が札幌の市街地と農耕地との境にあることから、親自然的な「スポーツの庭」を目指したデザインとなっている。

施設の特徴は「モビールシステム」であり、野球、サッカー、コンサート等のイベント開催のため、ホヴァリングステージ、旋回式・開閉式の大型可動席、大型扉のムービングウォール、人工芝転換システム等を連動運転させ大規模な転換を可能にしている。

天然芝サッカーフィールドは、移動式のホヴァリングステージであり、屋内と屋外の連接するふたつのアリーナを移動する巨大な可動建築だ。分速約４メートル、半日で転換、半日で人工芝が張れる。外観はシミュレーションから生まれた、雪が滞しない曲面だ。

ガラス張りの展望台には3階のギャラリーから全長80mの空中エスカレーターで行く事ができる。

アリーナ席は選手に近いシングルスロープタイプ。

札幌ドーム

札幌市豊平区羊ケ丘1番地

竣　工／2001年
階　数／地上4階、地下2階
構　造／鉄骨直行格子アーチ造
RC造、S造、SRC造
延床面積／98281㎡
設　計／原 広司+アトリエファイ建築研究所、アトリエブンク

ときわの家

渓谷を臨む木造の群建築

真駒内道を芸術の森方面に走ると目に留まる木造の群建築は、親の住居や貸アトリエを組み込んだ鈴木理のアトリエ兼自宅だ。二間×四間の片流れの主ボリュームをそれより低い片流れで連結した美しい建築だ。

鈴木は60年代生まれの北大卒。若くして堀越英嗣のもとモエレ公園にも関わった北方モダニズムの直系だ。

左は「ときわの家」のアトリエのインテリア、右は近接する商業施設・レストラン「COQ」鈴木の設計だ。ともにフルハイトのガラスの外に渓谷の木々が迫ってくる立地を最大限活かしたデザインだ。

ときわの家

札幌市南区

竣　　工／2015年
階　　数／地上2階
構　　造／木造
延床面積／210㎡
設　　計／鈴木理アトリエ

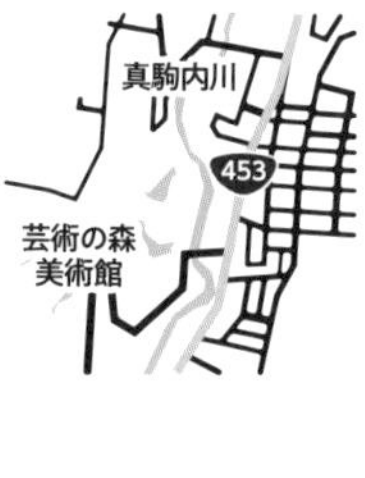

軟石の建築

軟石倉庫を活用したカフェたち

4万年ほど前の支笏火山大噴火によって流れ出た火砕流が支笏溶結凝灰岩となり、耐火性と断熱性に優れた建材の札幌軟石となった。白い軽石が混じった加工しやすい硬さの石で、南区石山にて明治8年（1875年）に本格的な採石が始まった。玉ねぎやリンゴの倉庫として多くの建物が建てられたが、コンクリート造の普及により昭和53年（1978年）には採石を終了、南区常盤の辻石材が、現在、唯一札幌軟石の採掘・加工を行っている。開拓時代から昭和に至るまで建てられた軟石建築は、飲食店などの商業施設にリノベされ、特に軟石カフェは札幌市内に点在している。

ぽすとかん

軟石リノベで注目される「ぽすとかん」は、定山渓鉄道の旧石切山駅正面に建つ建物で、昭和48年まで現役郵便局舎だった。平成9年道路拡張工事のため曳家したようだが、現在は初代局長の子孫である岩本憲和オーナーが地域の有志と共にカフェや軟石グッズ店舗を店子として活用している。

ぽすとかん

札幌市南区石山2条3丁目

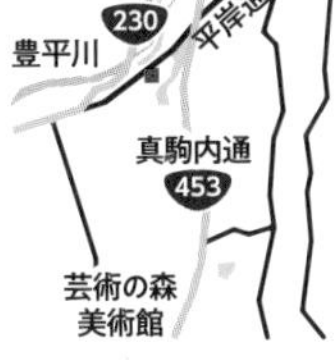

宮田屋東苗穂店

1962年に建てられた旧沼田家倉庫で、1983年までタマネギ倉庫として使われていた。

東区東苗穂5条2丁目 11-18

宮越屋珈琲

札幌市で1985年に創業した「宮越屋珈琲」の豊平店は、建物の内外ともに新たな看板などを極力排除したリノベだ。

豊平区豊平4条5丁目1-15

珈房サッポロ珈琲館

札幌市で1982年に創業したコーヒー専門店。札幌のカフェの老舗であり、平岸店は軟石蔵のリノベだ。

豊平区平岸2条6丁目

のや

洋食を提供する「のや」、軟石倉庫の内壁を上手に使ってインテリアを仕上げている。

豊平区平岸2条6丁目

EAA OFFICE

エゾマツのオフィス

ウェーブするように平行に配置されたエゾマツ集成材の梁と、桁との隙間のハイサイドライトから差し込む外光が、その連続した梁をなめる。

計画は富良野のエゾマツ原木を入手するところから始まった。室内環境の快適性向上の工夫として、壁の高断熱はもちろん、1階床下約700ミリの空隙に温水配管を敷き込んでいる。暖められた空気は1、2階の床のスリットを介して、建物全体の空調を可能にしている。

小樽出身の遠藤は、大学院で竹山実に学んだあと竹山事務所に勤務していた。

エゾマツの端材を外装ルーバーに使用しているEAA OFFICE外観。端材利用の為断面は小さくまばらだ。

左のインテリアは、CLTやコアドライの研究開発施設に隣接する、林業人材の育成を目指す北海道北の森づくり専門学校校舎だ。遠藤は、木材とハイサイドライトによる建築を進化させている。

EAA OFFICE

札幌市中央区北4条西20丁目1-18

竣　　工／2019年
階　　数／地上2階
構　　造／木造
延床面積／277㎡
設　　計／遠藤建築アトリエ

Tramnist Bld

都市型リノベ、札幌スタイル

可愛らしい改修建築が西線6条にある。既存は、コンクリートと木造の混構造で、高い断熱性能を有していた住宅メーカーの建築であった。建物にえぐりを加え、「街溜まり」と称するポケットパーク的なテラス空間を創り出した建築家赤坂真一郎の事務所兼商業ビルだ。残置された柱と筋交の作り出す外部空間と錆鉄板、ガルバリウムの付加エレメントが数寄屋的な表情を生み出し、雪国の新しいまちづくりを予感させる。

既存内壁や天井を解体し木造小屋組を現しにし、コーナー外壁を樹脂サッシに交換、開放的な事務所空間を創り出している。

ギャラリー・飲食店舗に加え、階段下のデッドスペースをテイクアウト専用店舗に改装している。

赤坂は北海学園出身。鈴木理同様生粋の北方建築家だ。

Tramnist Bld

札幌市中央区南5条西15丁目2-5

竣　工／2021年
階　数／地下1階、地上2階
構　造／木造、一部RC造
延床面積／189㎡
設　計／アカサカシンイチロウアトリエ

KB

繊細なファサードと骨太インテリアの共存

西20丁目通のペンシルビルだ。白いシャフトと鉄骨階段、それを覆う面剛性《めんごうせい》を高めるための菱形フラットバーフレームが特徴だ。前面道路側からはうかがい知れないが、連続する幅1・5メートルの門型リブPC板が創り出すトンネル状の空間を5層に積層している。そのPCの構造美と構成がこの建築の最大の見せ場だ。プレストレスト鋼線入りPC板に外断熱パネルを張り、コンクリートの蓄熱効果も期待している。

「KENNY BURRELL」の名を冠した5階のプライベートバーは演奏会などに利用される骨太の空間だ。豊嶋は法政卒、東京のゼネコンと札幌の設計事務所を経て独立した。

KB

札幌市中央区大通西20丁目3-31

竣　　工／2006年
階　　数／地上5階
構　　造／PC薄肉ラーメン造
延床面積／216㎡
建築設計／画工房(豊嶋守)
構造設計／JSD(徐光)

東学園こぐまの森 プレイホール

透過するプレイルーム

平岸に独特な外観を持つ幼稚園のプレイホールがある。

３０００坪の敷地に菜園や昆虫観察など自然を活かした活動を主体にしたセカンドスクールの場だ。平行に並んだ18枚のコンクリートの壁とその間に挟まれた向かい合わせのガラスで構成されている。2階へ上がる大階段含め内装は全て木質になっており、子供たちが裏手の雑木林の中で活動しているように感じる建築だ。

設計の小西彦仁は東京での事務所勤務後、北海道に戻ってきたユーターン組であり、最近では江別蔦屋の建築設計も行っている。

江別蔦屋は「田園都市スローライフ」をコンセプトにしたネガポジ5つの家型の鉄骨造店舗である。代官山蔦屋同様、屋外通路で接続されている。内外壁には現在の江別煉瓦が使用されている。

東学園こぐまの森

札幌市豊平区平岸6条17丁目1-35

竣　工／2003年
階　数／地上2階
構　造／RC造
延床面積／230㎡
設　計／ヒコニシアーキテクチュア

大成札幌ビル

外装と構造を一体化した画期的システム

タスモ（TASMO）と命名されたエネルギー吸収集約型制振システムを適用したビルである。下すぼまりの打放しコンクリート壁ファサードが特徴の大成建設札幌支店だ。

剛性が高く断熱性に優れたコンクリートを外壁兼壁柱として建物周囲に配置している。

変形性能に富んだ鋼材ダンパーを有する梁でその壁柱同士を連結、地震力を負担させている。ダンパーが効率良く地震エネルギーを吸収するように、壁柱脚部と地下階との接合を半固定とし、脚部にオイルダンパーを設置している。また、スパン約19メートルの内部空間は、プレストレスPC梁によって柱のないオフィス空間を実現している。開口部をスリット状にすることで、熱負荷の低減を図り内部エコボイドを活用した、自然換気も行う環境建築にもなっている満点のビルである。

大成札幌ビル

札幌市中央区南1条西1-4

竣　工／2006年
階　数／地上8階、地下1階
構　造／RC造
延床面積／69701㎡
設　計／大成建設

日本基督教団真駒内教会

光の教会に変身した地域に根ざす教会

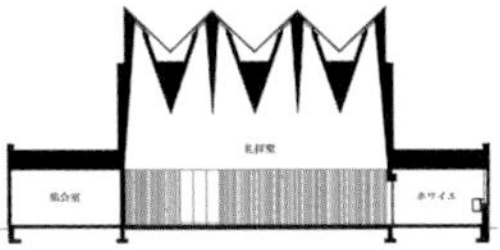

a-a断面図
〈図面／アトリエブンク〉

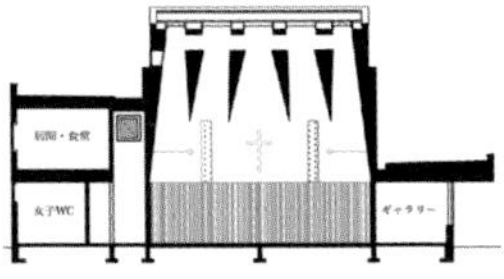

b-b断面図
〈図面／アトリエブンク〉

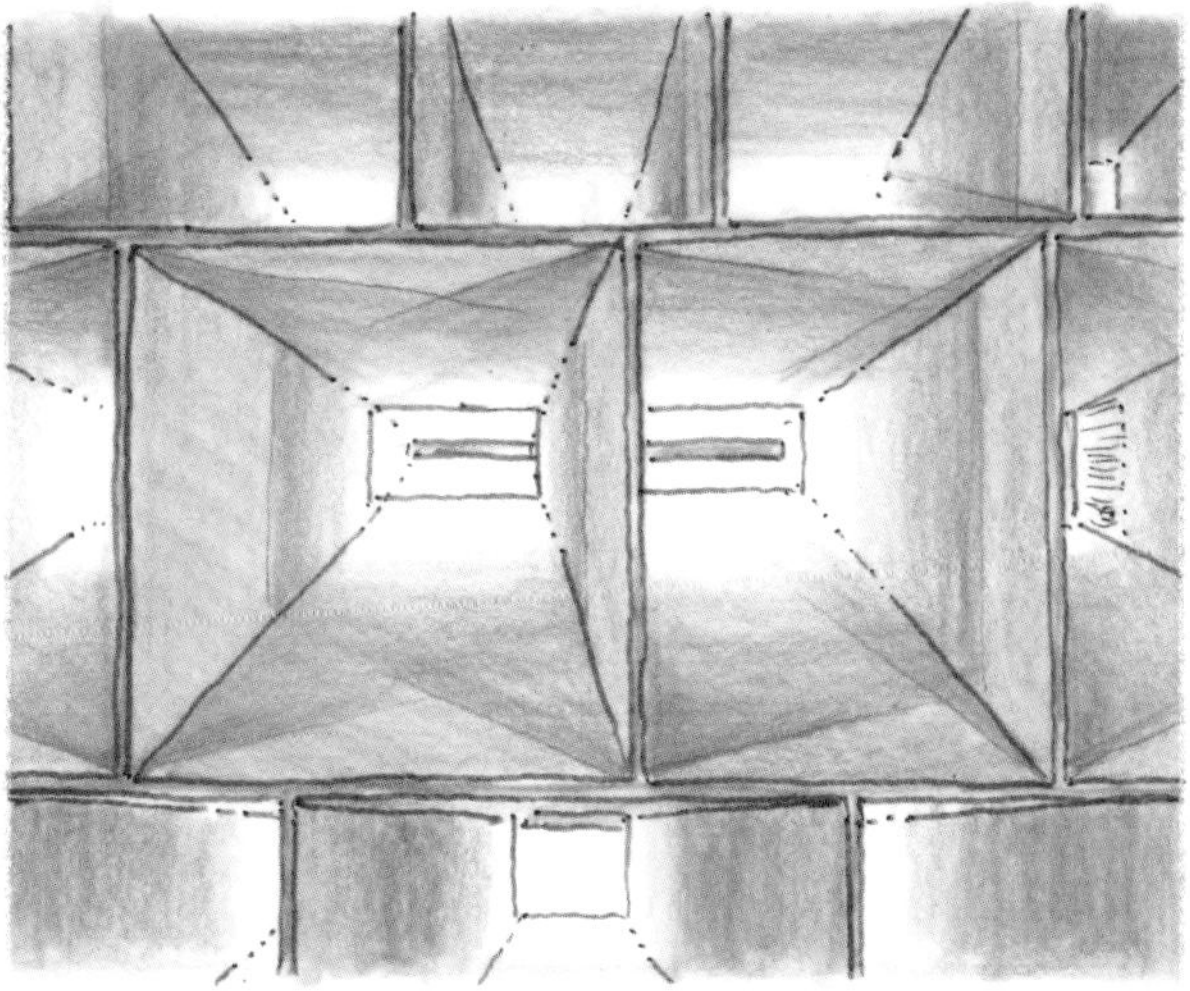

真駒内教会の創立50年の節目に建替えた教会である。この教会の特徴は、以前に建っていた教会の三角屋根をモチーフとして、屋根に組み込まれた深いトップライトだ。縦横あみだくじ状に仕切られた天井井戸は、数種類の深さと角度を持っており、1日を通して変化する光が礼拝堂に降ってくる。トップライトの外部側は雪を考慮し、45度の勾配とし、冬季も頂部採光開口から光が入ってくる。

アトリエブンクと資生館小学校

1970年に札幌に開設したアトリエブンクは1980年以降公共建築比率を高めており札幌で名門の設計事務所となっている。札幌市立資生館小学校は4つの小学校の統合に保育園などを組み込み、2005年に竣工。

日本基督教団真駒内教会

札幌市南区真駒内泉町2丁目1

竣　　工／2014年
階　　数／地上2階
構　　造／木造
延床面積／384㎡
設　　計／アトリエブンク

籛 HIGO

ニセコの名建築「坐忘林」の設計者、中山眞琴の設計事務所

60ミリ・38ミリ角のスチール無垢柱を本棚化した建築だ。棚越しの外壁開口から見える借景と、建築と家具がミックスしたインテリアで高い評価を得た。外装のコルクブロックは断熱に寄与しており、風雪でランダムに変色している。ガラスに映り込む円山動物園の緑が、コルクの造形を際立たせている。

中山は1955年、北海道生まれ、多摩美術大学出身。北海道を代表する現役建築家の一人だ。

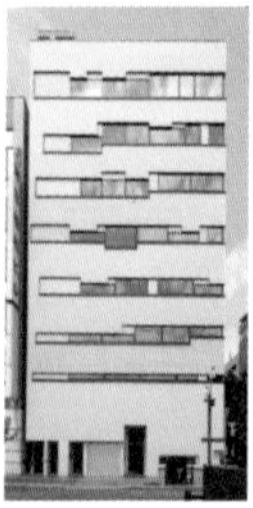

2020年竣工の「AGS6・3ビル」。旧薄野遊郭の南東コーナーの立地。横連続開口の四周抱き部分に演出用のLED照明が組み込まれており、建築の街のサイン化に成功している。

札幌市中央区南6条西3丁目

中山の商業建築は札幌中心街にも点在する。左は、2013竣工の「SCALETTA」。仕上用コンクリートブロックにコンクリートを充填した壁式の3階建て、閉鎖系の建築だ。

札幌市中央区南2条西5丁目

籛 HIGO

札幌市中央区円山西町1丁目5-1

竣　　工／2014年
階　　数／地上3階
構　　造／鉄骨造
延床面積／331㎡
設　　計／中山眞琴アーキテクツ
構造設計／北海道日建設計

ノアの箱舟

バブルのおきみやげ

いかにもバブル建築の代名詞のような外観を持つこの建物は「ノアの箱舟」という。90年代の日本を、まさに風のように駆け抜けたナイジェル・コーツのデビュー作だ。ギリシャ神話をイメージし、石化したノアの箱舟をイメージした形である。

空間プロデューサーという肩書のインテリアデザイナーが建築の外観を作った時代である。昭和63年（1988年）の開業当時は、カフェレストランだった。当時、自ら建設した店舗をリースするシステムを構築したジャスマックの創業者、葛和満博が日本中の商業建築デザインを牽引した。「ノアの箱舟」は、日本のバブル建築の良質な一作だ。

ノアの箱舟

札幌市中央区南8条西4

竣　　工／1988年
階　　数／地上2階
構　　造／RC造
デザイン／ナイジェル・コーツ

ノアの箱舟内部
バブル期の商業空間は張りぼてと言えども内装は良い素材で作られている。

バブル期、多くの名作を作った高松伸の「タトゥー」も狸小路脇のビルの隙間にひっそりと存在している。

札幌市中央区南3西3

北菓楼札幌本館

［旧北海道庁立図書館］

菓子店舗へコンバージョンした歴史遺産

原形の建物は、大正15年（1926年）に、摂政宮（昭和天皇）の行啓記念事業によって、開館した北海道庁立図書館だ。縦基調の付け柱があり、幾何学的ゼツェッション風の装飾を特徴とする近代建築である。

インテリア改修の基本デザインは、安藤忠雄。竹中工務店が外装を残したまま内部にコンクリートの構造体を構築し、北菓楼のサロン兼店舗として再生したものだ。再利用する外装特殊タイルの裏面モルタルを薬剤で剥離する技術はこの工事を契機に開発され、建築学会賞を受賞している。フラットスラブによって、空中に浮いたように見える2階のカフェには、かつての図書館の記憶を遺すため、北海道の歴史と菓子の本の本棚が設置されている。

「北菓楼《きたかろう》」は砂川市で平成3年（1991年）に創業した菓子店。現在ではリノベーションしたこの建物を札幌本館としている。

北菓楼札幌本館

札幌市中央区北1条西5丁目1-2

竣　工／1926年
改　修／2016年
階　数／地下1階、地上4階
構　造／RC造、煉瓦造、SRC造、鉄骨造
延床面積／1351㎡
設　計／竹中工務店、安藤忠雄

札幌には、マルセイバターサンドの「六花亭」（1933年、帯広発祥）や三方六の「柳月」（1947年、帯広発祥）、白い恋人の「石屋製菓」（1947年、茨戸で駄菓子屋として創業）などの老舗を始め多くの菓子店がひしめいている。

北海道ミルククッキー札幌農学校の「きのとや」（1983年、東札幌創業）や生チョコレートの「ロイズ」（1983年、東区創業）などと比べると、「北菓楼」は比較的新しいメーカーだ。

きのとやファーム

「まちなかの農風景」をコンセプトに直営農場から届く卵と牛乳の加工から製造・販売までのプロセスを見せる、2019年施工の店舗。
きのとやは、2022年に老舗の千秋庵を傘下に納め、大ヒットの「焼きたてチーズタルト」と共に存在感を高めている。

大正15年新築時の写真。
今回の改修は当時の姿を忠実に保存・復元している。
〈北海道立図書館50年史より引用〉

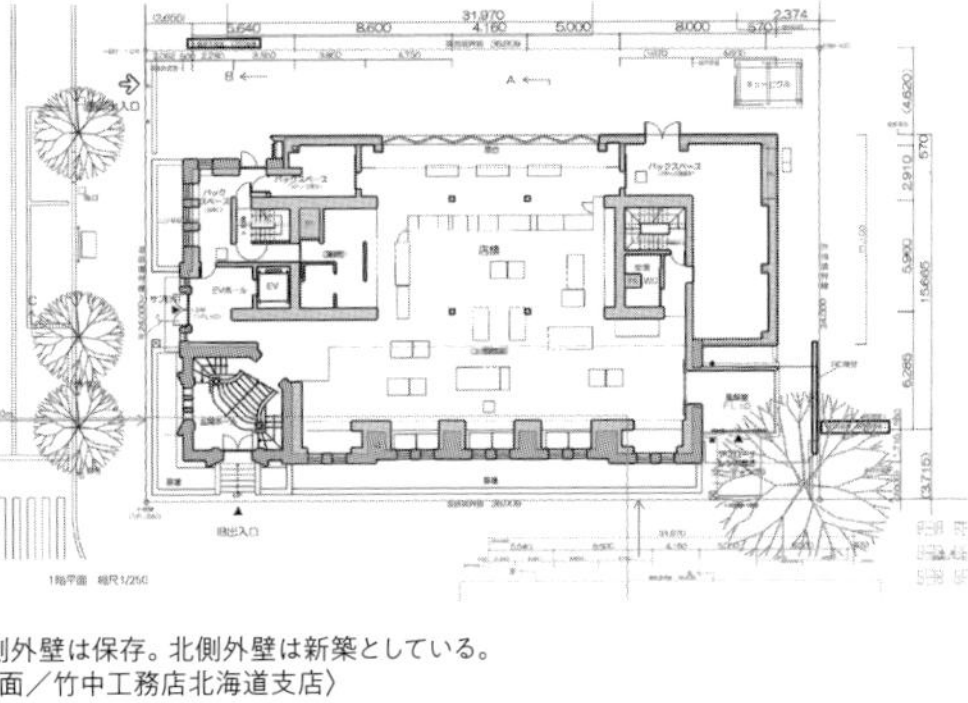

南側外壁は保存。北側外壁は新築としている。
〈図面／竹中工務店北海道支店〉

真駒内六花亭ホール店

札幌市内、数少ない日本建築学会作品選奨作品

「六花亭」は函館店・釧路店をはじめとする、建築的にすばらしい店舗を展開している。

地域貢献施設でもある真駒内店は「真駒内六花亭ホール店」という名前が付けられた建築的評価の高い店舗だ。ショーケースの並んだ店舗は、地域の住民のためのミニ音楽ホールへ場面転換する仕組になっている。ドットポイントガラスファサードの内部側の木製ルーバーを閉じる事で暗転。ホールは、木製ルーバーが2面に設置された意匠性と反射・吸音の機能を併せ持つデザインとなっている。

月に数回、店員さんたちが夕方閉店後ケースを片付け、音楽ホールに転換し使用する。「六花亭」は、昭和35年、十勝の子どもたちのために創刊した児童詩誌「サイロ」を始め、この真駒内のホール以外も様々な文化活動を行っている。

その例として「中札内美術村」「六花の森」「カンパーナ六花亭」「六花亭札幌本店内のギャラリー」「六花文庫」がある。

真駒内六花亭ホール店

札幌市南区真駒内上町1丁目15-16-2

竣　　工／2002年
階　　数／2階建
構　　造／鉄骨造、SRC造、RC造
延床面積／700㎡
設　　計／古市徹雄

六花文庫

札幌にある六花亭の文化事業のひとつ

「六花亭」は、創業者・小田豊四郎が昭和12年（1937年）に叔父から札幌千秋庵帯広支店の経営を引き継ぐ所から始まる。欧州旅行で小さな製菓店が、自店のチョコレートを作っているのを見て、ホワイトチョコレートを作り、ヒットさせたという有名な逸話がある。1977年の札幌進出を機に、千秋庵から独立、屋号を「六花亭製菓」と改めた。「お菓子は文化のバロメーター」との考えから文化活動にも積極的だった豊四郎の意思を受け継ぎ「六花文庫」は開館された。蔦が絡まり、六花亭が展開する多くの良質な建築群のひとつとなった。

この地区は、オリンピック選手村がクリニック群になった場所で、この建物は歯医者だった。それが六花亭真駒内店となり、改装され「六花文庫」となった。約8000冊にもおよぶ「食」をテーマにした本を所蔵した私設図書館兼公募アートの展示スペースであり、コーヒーも飲める。

モエレ沼公園のレストランファン・キ・レーヴのインテリアを設計した太田理加が、2004年に改修した。

太田は早稲田大学専門学校（現芸術学校）・内藤廣事務所出身である。北海道の建築界隈が、北海道出身者以外の多様な設計者を取り込みながら活性化している事がわかる。

六花文庫

札幌市南区真駒内上町3丁目1-3

改　　修／2004年
階　　数／平屋
構　　造／木造（改修部鉄造）
延床面積／約150㎡
改修設計／太田理加

外部の蔦が見える
吹抜け空間。

旧荒谷邸

43年経過した夏対応の試験住宅

北大名誉教授・荒谷登は、約半世紀前に断熱から生まれる自然エネルギー利用を提唱し、建築の持続可能性を確認するために試験住宅と称した自邸を建てた。屋根グラスウール400ミリ、外壁スタイロフォーム150ミリ+グラスウール90ミリ、基礎スタイロフォーム150ミリ挟み込みの、熱しにくく冷めにくい断熱住宅の走りだ。床下の断熱はないが、新築時に排気ダクトとして設定されていた床下通気部分を使って、デンマーク製の薪ストーブ1台で家全体の暖房ができている。ストーブが半地下のボイラー室にあるため冷気が集まり、そこから暖気が家全体に循環しているのだ。内部に露出したコンクリートが吸湿し、換気も必要ないという。

現在は荒谷氏の要請で、11年前に教え子のタギさんが購入し、愛情を持ってメンテナンスしながら半自給自足の生活をしている、非常にコージーな生活、ここはまさに多木浩二の「生きられた家」の北国版なのだ。

上は、玄関。手作りの木製2重玄関扉に乱張玉石の床の空間は冬季には持ち込んだ雪よって加湿器にもなるという。

下は、2階のリビング。ロフト部分からも外光が入っているのがよくわかる。

旧荒谷邸

札幌市手稲区

竣　工／1979年
階　数／2階建
構　造／コンクリートブロック造
延床面積／323㎡
設　計／荒谷登

円を内包する家

ブロック二重積み工法の先駆

35年に渡り、家族の変化に応じて3度増築した住宅コンプレックスが豊平区にある。建築主家族と並走してブロック造・鉄骨造・木造と設計してきたのは上遠野事務所出身の圓山彬雄だ。この住宅は、圓山が火山礫を材料にした北海道のコンクリートブロックを利用したブロック二重積み初期の作品である。円形シリンダーを内包するキューブリックな外観をもつ扉のないワンルーム空間の住宅だ。トリプルガラスの木製サッシを壁厚中心に配置しているので、二重ブロック中間の断熱層と断熱ラインが直線に連続する合理的デザインだ。

中に入ると、ブロックに蓄熱した温かさを輻射として感じる。コーナーブロックの厚さを調整することで内外のブロック目地を整合させたり、穿たれた窓の水切りに煉瓦を使うなど、手練れの仕事だ。

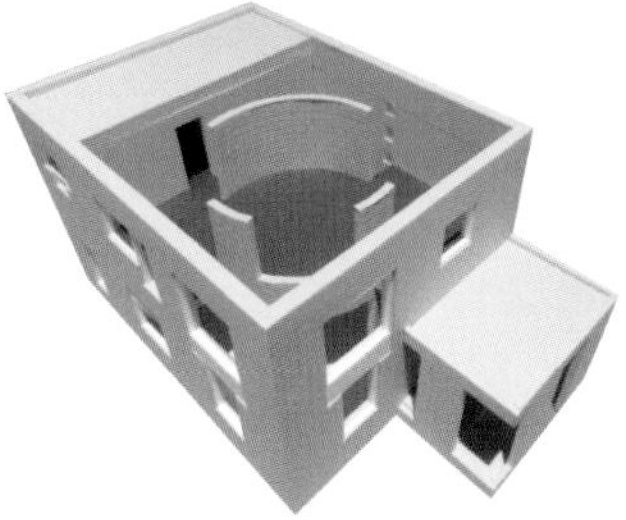

空間構成（模型写真）

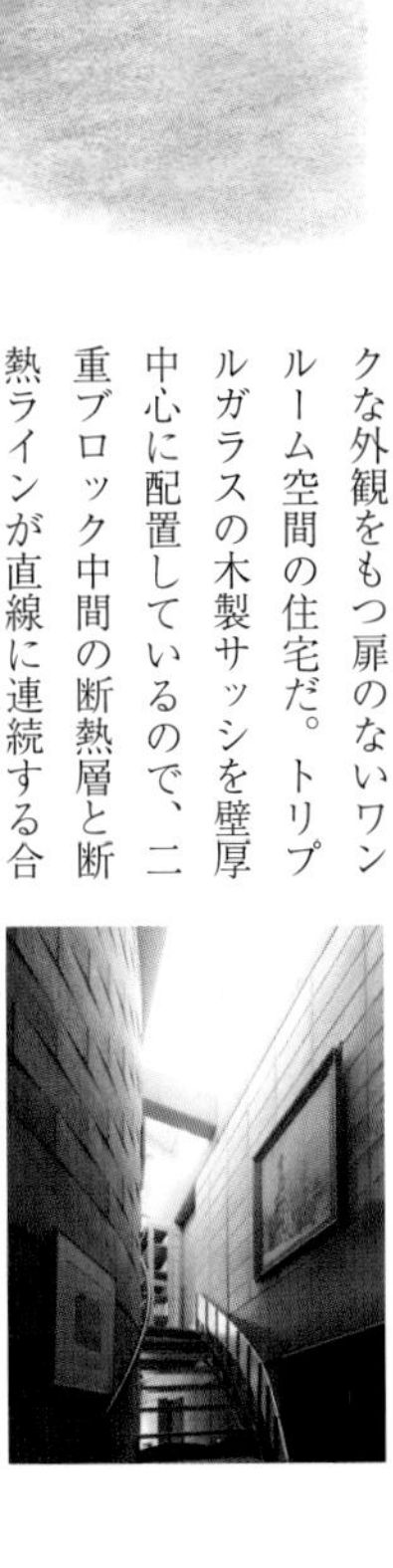

内部円弧部分と正方形平面外壁の隙間に光が落ちるハイサイドライト。

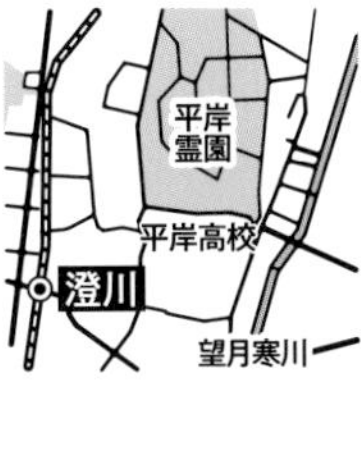

円を内包する家

札幌市豊平区

竣　工／1988年
階　数／2階建
構　造／コンクリートブロック造
延床面積／137㎡（CB部分）
設　計／アーブ建築研究所

建築家なしの建築

北海道特有のヴァナキュラーなカタチ

札幌の古い木造住宅は、屯田兵村のような無塗装下見張の外壁仕上げが多い。煉瓦積み・塗り壁などもあるが、屋根は間違いなくトタン屋根。積雪・風除け・採光といった風土と、自然発生的な、増築のような形の家々が、札幌市内に点在している。フラットルーフタイプの寒地住宅が主流になる前の無名の建築、まさにルドフスキーの世界だ。

街角でお好みのかわいい家々を探すのも札幌まち歩きの楽しみだ。

古民家を改造したカフェやギャラリーがたくさんある。ここもそのひとつ。イタリアン「とと」。

札幌市中央区南4西 22-2-2

グーグルマップで古民家と検索するといろいろでてくる。

札幌中央卸売市場・場外市場

札幌市民の胃袋を満たす市場

市場は世界中どこへ行っても、まち歩きの定番だ。札幌には2カ所の市場がある。

明治の開拓期に自然発生した市場は、明治35年の大火の跡地に現在の二条市場として発展・観光地化している。

そしてもう1カ所、昭和33年（1958年）の北海道大博覧会の桑園会場跡地2800坪の土地が現在の札幌中央卸売市場となった。

札幌とその近郊に、毎日1600トンの水産物と青果を流通する拠点となっている。

場内でも新鮮な食材が街のスーパーより安く買う事ができる。

場外では茹で蟹だけでなく活き蟹も売っている。

ネタ切れ次第閉まる「鮨の魚政」場内の鮨屋

札幌中央卸売市場・場外市場

札幌市中央区北11条西21丁目2-3

創成川

札幌碁盤目街の東西の起点、大通り公園・狸小路を繋ぐ散策路

創成川は「蝦夷地開拓掛」の大友亀太郎が、豊平川北側を農地に開墾するために掘った幅2メートル程度の「大友堀」用水が元となっている。

　現在の茨戸付近から二条市場辺りの南池までを、いくつかの小川を利用しながら作られた。その後、開拓使が明治7年（1874年）に鴨々水門を築設する際、札幌の碁盤目型開発の東西の基点として吉田堀・寺尾堀を加えて直線化、市街の小流も加え創成川と名付けられた。

　平成21年（2009年）渋滞解消のために、以前からあったアンダーパスを片側二車線の連続アンダーパスとして現在の形に完成させた。

　また、創成川は、平成23年（2011年）に「創成川公園」として再生され、親水型の遊歩道やベンチが整備され、3カ所に安田侃の彫刻が設置されている。

水量を調整した親水公園であり
市民の憩の場となっている。

川の東側には二条市場の入り口がある。

創成川

札幌市中央区南1条～南2条

大通公園

札幌雪まつりだけではない、札幌のメインアングル

明治維新後の明治2年（1869年）島義勇が開拓判官に就任し、北海道開拓に着手する。北海道の日本海側、勇払《ゆうふつ》平野《へいや》と太平洋側、石狩平野を繋ぐ石狩低地帯の要所として、札幌本府建設を始める。島は「われわれは、いま眼前に広がるこの大平原を拓く。それが北海道開拓の第一歩だ」と言った。

　近郊の住民は、アイヌの人びとを含めて百人程度。一面原始林と大平原原野

だった。そして「蝦夷地」が「北海道」と改称された。

札幌本府の基本構想は、豊平川の西岸に三〇〇間（約550メートル）四方の本庁敷地を計画、その南正面に四二〇間（約770メートル）四方の広場をつくり、京都を模した碁盤の目の町を設けるというものだった。しかし、島は札幌滞在わずか2カ月にして更迭されてしまう。

札幌本府の基本構想は、開拓判官・岩村通俊や、開拓次官（のち長官）黒田清隆へとひきつがれていく。岩村は、創成川を境に東西を分け、幅六〇間（108メートル）の大通で南北を分け、六〇間四方の碁盤の目の町を建設するという、現在の札幌の基となる大きな構想をたてた。

碁盤の目に対して現在仲通りが設けられているが、西2丁目通りを境界にその仲通りの向きが切り替わっている。東側は南北方向に仲通りができており、西2丁目から西側は東西方向に仲通りができている。まず、西側に東西方向の中通に面して南北に長い町割りが先行して形成された。それに対し西2丁目通り東側の店は、かつて胆振川と呼ばれた運河が流れていた西2丁目通りに面して軒を連ねた為、東西に長い町割りを形成していった。この仲通りが均質な札幌の街に路地裏の空気を与え、場所の強弱と彩りを作り出している。狸小路がそのいい例である。今後の街区開発は、仲通りと直行する抜け道を作る事が重要だと感じる。

明治4年（1871年）大通公園は、中心部を北の官庁街と南の住宅・商業街とに分ける大規模な火防線としてつくられたのが始まりだった。第2次世界大戦時には食糧確保のために畑になるなど、町の発展と共に、その利用形態がどんどん変化してきた。現在は雪祭り会場としての知名度が高い。

札幌の碁盤の目の街区割と仲通。
西2丁目を起点に向きが変っているのがわかる。

南西方向仲通り　南北方向仲通り

ブラック・スライド・マントラ

その黒いフォルムは雪の札幌に映え優美な曲線を描くイサム・ノグチの彫刻であり、滑り台にもなっている。西8丁目と西9丁目の間にある。

札幌市電

札幌の街の発展を支えた市民の足

市電が走る風景、車窓からのゆっくり流れる風景によって、札幌の時間は緩やかに流れる。実は、市電が現在の成長社会の疲弊から札幌人を守り、豊かな人生を提供する重要な源泉になっているのだ。

日本の路面電車は令和5年（2023年）現在、長崎・広島・岡山・富山・函館・熊本・鹿児島など17都市で運行されている。市内ループ約9キロを45分でひと廻りする札幌市電は、明治42年（1909年）石山地区から軟石を運ぶ馬車鉄道線が始まりだ。大正7年（1918年）札幌電気鉄道として路面電車の運転がはじまり、最盛期には麻生まで延伸、約25キロの路線網となった時期がある。輸送量増加のため、3両連結車両も運転された。

しかし、移動手段の自動車化や昭和47年（1972年）の札幌オリンピック開催前年の地下鉄開設に伴い路線を縮小した。

平成27年（2015年）西4丁目とすすきのを結んで、現在の環状運転が開始された。世界のLRT化の流れから新型低床車両ポラリスも導入され、市街地の足として今日に至る。

西4丁目と、すすきのを結ぶ際にこの区間だけ、軌道を道路中央部から外部側に移動した。歩行者の利便性は上がったがお陰で、駅前通りは自転車では走りにくい道路となった。

濃いベージュとくすんだグリーンのツートンカラーに白い帯がトレードマークのM101号車は1961年に製造され町の人に愛されてきた。2021年10月をもって営業運用を終了した。

竹の束で雪をかき分ける札幌発祥の除雪用車両「ササラ電車」。

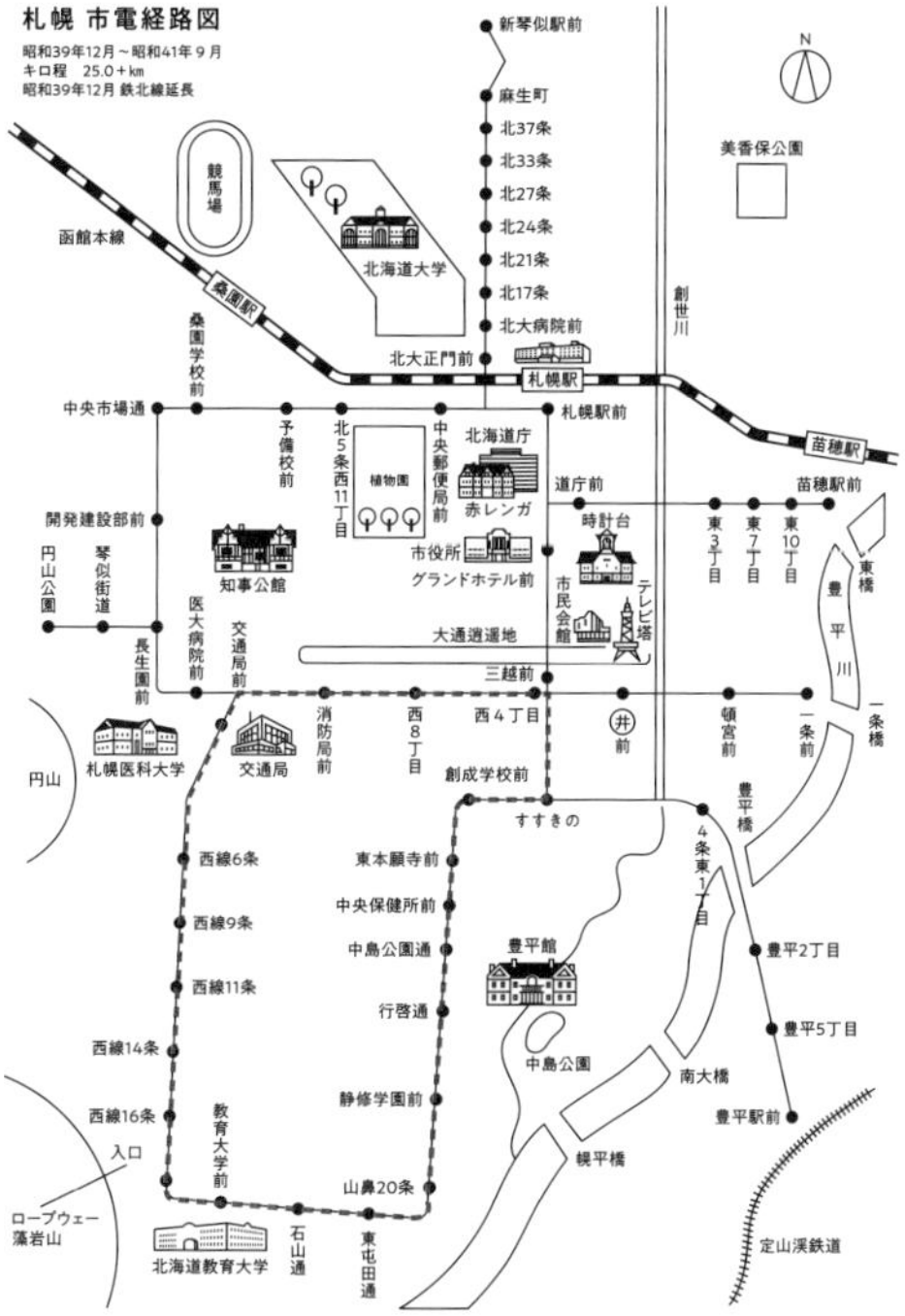

昭和39年、25キロの路線網を持った時期の路線図。現在の市電環状線は、赤点線部分。

A1200型は「ポラリス」の愛称で呼ばれる超低床電車だ。のちに導入される1100形「シリウス」と同じアルナ車輌の低床タイプ「リトルダンサー」シリーズ。

雪の中を走る市電が情緒的。

現在の市電経路。

石山通り

軟石を札幌に運んだ、かつてのハッタリベツ新道

高見沢権之丞「明治二巳歳十一月迄札縨之圖」に、札幌本府のあった銭函通りから軍艦のへさきに似ているために「軍艦岬」と呼ばれる藻岩山のペニンシュラを回り込み、南区川沿地区(旧発垂別)に至る「ハッタリベツ新道」と川の記載がみられる。

明治3年(1870年)、明治政府が京都の東本願寺に願い出させた「本願寺道路」と呼ばれる四本の新道を切開く以前から、アイヌ語のハッタリペツ、ハッタル(淵)ペツ(川)つまり淵の多い川沿いにアイヌが使った道があったのだ。その道をベースとした「本願寺道路」が石山通りの前身である。

平岸から豊平川に沿って定山渓中山峠を越え、伊達に至る現在の平岸街道と石山通りの原型は、僧侶や周辺の移民、多くのアイヌの手によりわずか1年で完成したという。

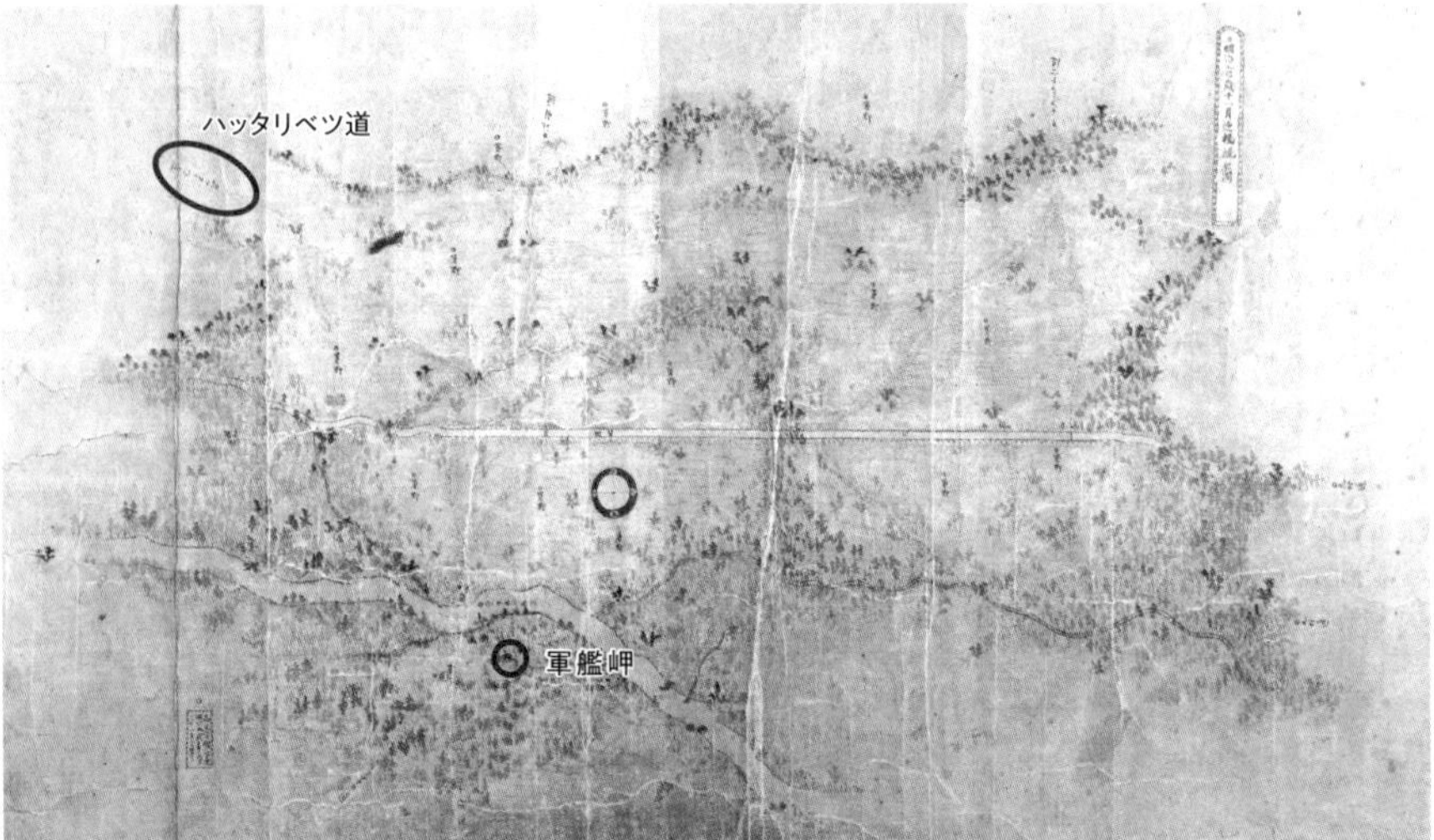

(北海道大学付属図書館所蔵「明治二巳歳十一月迄札縨之圖」/高見沢権之丞筆より引用)
この図は、中央水平の直線の川が大友堀(現在の創成川)なので、上が西、下が東、右が北の石狩湾となっている。

軟石採石場の石山から札幌まで、馬車で石を輸送し札幌の幹線として栄えた石山通りは、明治9年(1876年)に開村した山鼻屯田兵村の街路の基準でもあった。

この道を中心軸にして、東西に2列ずつの屯田兵村が作られた。東西に細長く背中合わせとなった二一〇戸の兵屋の裏口には、幅六間(11メートル)の共同井戸スペースがあった。現在の東屯田通と西屯田通りはそのスペースを埋めて、道路へと造り替えたものだ。昭和30年代は商店街などで栄えていた。

━ 石山通り　━ 東・西屯田通り
山鼻屯田兵村範囲

石山通は札幌の街の南北の中心道路である。

軟石を切り出した丁場（採石場）は石山緑地公園として
整備されている。

狸小路商店街

飲食店が増えつつある、すすきのと双璧をなすアーケード

アーケードと店舗のファサードは接続され雨が入らないように設計されている。

アーケードの天蓋は春秋の時期は開放される。火災時ははしご車がここから救助もできる。

札幌狸小路商店街は北海道で最古の商店街のひとつで、令和5年（2023年）で149年目を迎える。7ブロック総延長約90メートル・店舗数約200軒の、全蓋アーケードを持つ商店街だ。アーケードは、昭和33年に狸小路3丁目に架けられたのを皮切りに、現在のロングアーケードとなった。

狸小路は明治2年（1869年）北海道開拓使の入道と共に形成され始め、寄席・勧工場を中心に栄えた。「白首」と呼ばれる売春宿もあり、言葉巧みに男を誘った女たちを「タヌキ」になぞらえたのが、狸の名前の由来と言われている。

現在「質蔵屋」がある要所の角には狸小路を南北に跨いで「勧工場」の後継施設の「札幌商館」があった。国策で全国に作られた商品陳列所の札幌商品陳列所である。狸小路が飲食より物販中心の場所になった謂れだ。札幌商館が火事となり、その再建時、創成川に抜ける通路が作られ狸小路商店街が完成する。

南1条通りから西1丁目仲通りを見ると、丸井今井呉服店に並ぶ老舗の秋野総本店薬局がある。創成川を挟んで東西1丁目が札幌の街の中心であった名残だ。創業明治5年（1872年）、明治34年（1901年）竣工の建物が語っているのは、狸小路に直行するこの角地がかつての狸小路の入口だったということだ。

全国に作られた商品陳列所の札幌商品陳列所「札幌商館」。

明治の佇まいを遺す秋野総本店薬局。

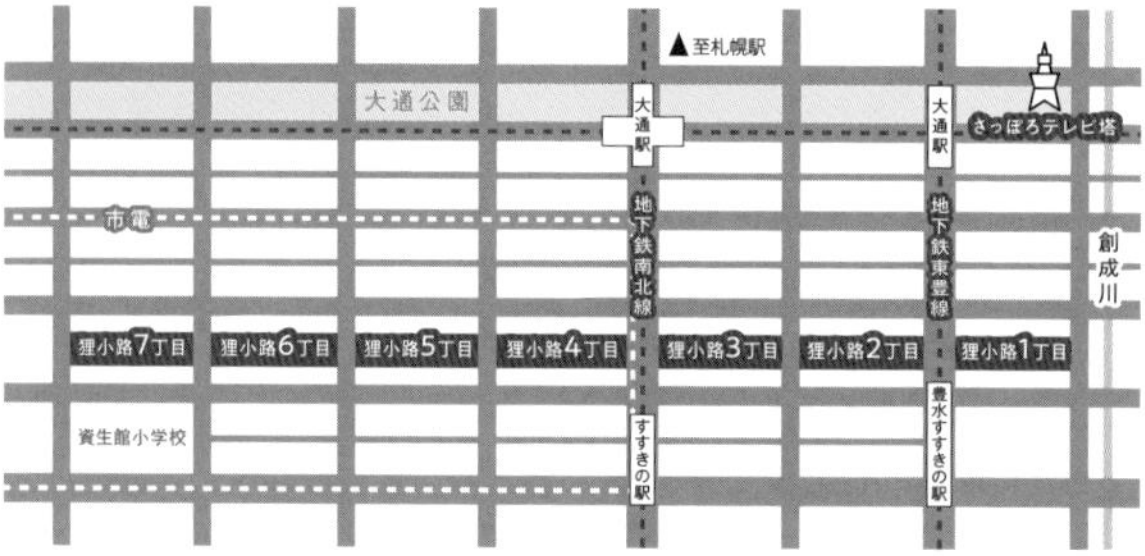

狸小路商店街

札幌市中央区
南2・3条西1~7丁目

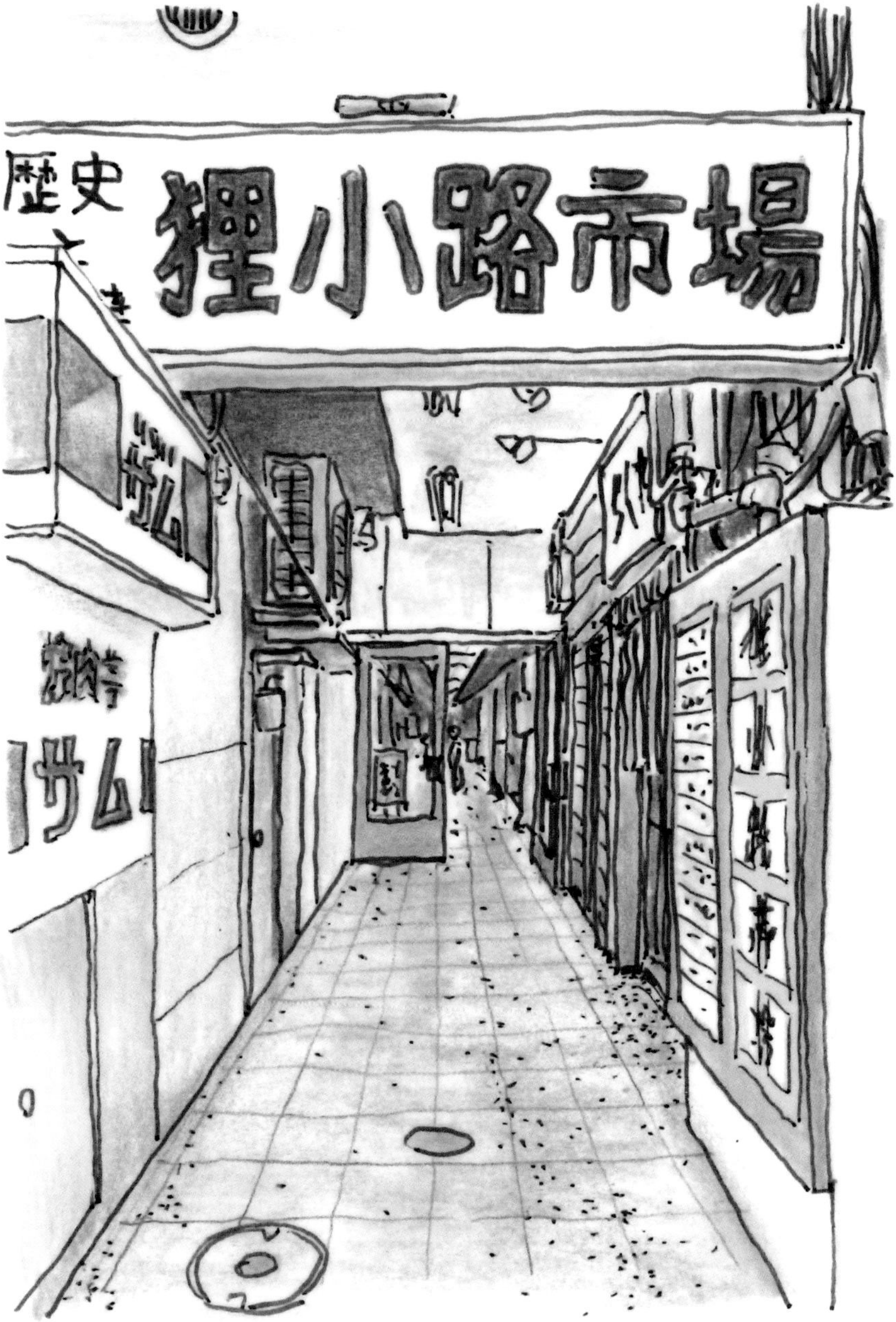

狸小路商店街から枝分かれする狸小路市場。小さな飲食店が並ぶディープな路地裏空間。

すすきの

東京以北最大の歓楽街

東京の歌舞伎町・福岡の中州と並んで「日本三大歓楽街」と称されるすすきのは、明治4年（1871年）に官許された御用女郎屋「東京楼」を中心とした薄野遊郭だった。遊郭は大正９年（1920年）白石に移転し、現在では５０００店近い飲食店と風俗店・ホテルがひしめく東京以北最大の歓楽街となっている。

南5条西4丁目を中心とした4街区がかつての「薄野遊郭」の範囲だ。外周四面に、高さ2メートル近い土手を回していたため、遊郭内の街は周辺街区よりひと回り小さくなる。土手を除いた敷地を四等分したため、２本の中通りの位置が中央寄りにずれている。このずれが、遊郭だったことの名残りだ。

赤四角の4街区が薄野遊郭の範囲。濃い赤線部分が四周に回された土手だ。
仲通り　遊郭範囲

［ジンギスカン］

北海道の羊食は、第1次世界大戦による羊毛輸入停止に端を発する。国産の綿羊を生産するため、滝川と月寒に種羊場を開設、種綿羊が無償で貸出され羊が増えた。食用にすることも奨励されたが、人気は出なかった。昭和31年（1956年）、種羊のジンギスカンに目をつけた滝川の松尾政治が羊肉をたれに漬け込む「松尾ジンギスカン」を発売。昭和33年（1958年）にベル食品が「成吉思汗たれ」を発売、講習会を道内各地で開くなどジンギスカンの普及に努め、札幌のソウルフードの地位を築いた。最近は「生ラム」を焼いてから、タレをつけて食べるスタイルが主流だ。

［味噌ラーメン］

「味の三平」が札幌の味噌ラーメンの元祖と言われている。満鉄のエンジニアだった大宮守人氏が、「龍鳳」の松田氏の指導の元、低い湿度で脂肪やニンニクを分解させた味噌味のスープを特徴とする「味噌味めん」を作った。今や、札幌人各々が自分のお気に入りの名店を持つほど多くのラーメン店があり、大体は「醤油・塩・味噌」の三味を用意している。

［スープカレー］

喫茶店「アジャンタ」の富山出身の主人が漢方薬膳スープを出したのが始まりと言われている。スープカレーという言葉は「マジックスパイス」がメニューに使ったのが始まりだ。毎年新しい店が続々開業している。

［寿司］

明治8年（1875年）東京浅草の料理店生まれの竹原定吉氏が「東壽司」を南3西1付近に寿司店を開業したのが、北海道の始まりと言われている。「棗」をはじめ札幌の多くの寿司屋の系譜は円山に本店のある「すし善」から始まっている。

［北海道料理］

「古艪帆来」「開陽亭」など北海道の海鮮を提供する店ではボタンエビを代表とするお刺身はもちろん、豊かな海の幸を食材にした石狩鍋・ちゃんちゃん焼きなどを食べる事ができる。

ほっき貝・たち・落葉きのこ・いくら・鮭児・ウニ・曲がり竹・アスパラガス・ホタテ・数の子・タコ……移り変わる旬の食材をすすきので食べる事ができる。

すすきの

札幌市中央区
南4条西4丁目

参考文献・引用・資料

有島武郎旧邸　見学パンフレットより引用

北海道大学植物園　北海道大学植物園HP 園内紹介・モデルコースより引用

北海道大学キャンパス　北海道大学生物生産研究農場HPより引用

上遠野徹自邸　建築家の清廉 上遠野徹と北のモダニズム（建築ジャーナル2010）より引用

旧栗谷川邸　建築家の清廉 上遠野徹と北のモダニズム（建築ジャーナル2010）より引用

関口雄揮記念美術館　パンフレットより引用

札幌市電　さっぽろ文庫22 市電物語 札幌市教育委員会編（北海道新聞社）より引用

石山通り　ブラサトル　URL／http://burasatoru.cocolog-nifty.com

狸小路商店街　札幌市HPより引用
URL／https://www.city.sapporo.jp/chuo/gaiyo/history/documents/3-20.pdf

本書制作にあたり、
たくさんのご協力、執筆のきっかけをいただきました。
ありがとうございました。（敬称略・順不同）

株式会社 遠藤建築アトリエ
株式会社 アーブ建築研究所
株式会社 竹中工務店
株式会社 上遠野建築事務所
株式会社 中山眞琴アーキテクツ
株式会社 鈴木理アトリエ
竹山実建築綜合研究所
ヒコココニシアーキテクチュア 株式会社
株式会社 画工房
株式会社 アトリエブンク
株式会社 アカサカシンイチロウアトリエ
大成建設 株式会社 札幌支店

羽深 久夫
和田 哲
髙野 園子
藤田 純也
本井 和彦
大熊 千秋
サデギアン・モハマット・タギ

札幌市内各所で目に付くセイコーマート。この店舗は狸小路店。

セイコーマートは、1971年に札幌北区に1号店をオープンした日本に現存する最も古いローカルコンビニエンスストアである。食品卸「丸ヨ西尾」の社員だった赤尾昭彦が、取引のある食料品店をコンビニに業態転換させたのが始まりだ。社会現象にもなったセブン-イレブン1号店が、豊洲にオープンする3年も前のこと。道内179市町村のうち175市町村に出店し、2021年には北海道内1078店舗にまで増えている。北海道の豊かな海と大地の恵みを背景に、製造から一貫して食品メーカー・流通までコントロールできるシステムを構築した。離島のために始めた「ホットシェフ」と呼ばれる店内調理のお弁当販売は、1994年にできた足寄が1号店であり、今や地域のライフラインになっている。北海道電力・北海道大学など道内多くの自治体と「災害時における物資供給に関する協定」を締結、北海道生活に無くてはならない存在となっている。オレンジ色の鳥マークは不死鳥だそうだ。

札幌のまち歩き

Column

まち歩きの楽しさというのは、なにが決め手になるのだろう。

どのまちにも大きな道路や大きなビル、路地や戸建て住宅があり、公園の緑や住宅街・繁華街がある。そしてそこには、住み働く人がいて、生活がある。建築には、作品としての歴史性・象徴性・美学的・技術的楽しさがある上に、年を重ねることで歴史的・美的価値が上がってくる。歩いていると、まちを背景としてそんな建物にまつわる様々なストーリーが浮かび上がってくる事がある。

こんもりとした林に、ひっそりと建つ清華亭を訪ねた時のこと。少し坂を下がっていくと、偕楽園跡が公園になっている。今は、水はないが、かつて豊かなメムの水を利用した鮭の孵化場があった。明治天皇が和洋折衷の清華亭和室の畳に座って休憩している姿に思いを馳せる。この瞬間に、自分なりに理解している歴史と登場人物、建物の小話が、パズルのように組み上がっていく。

また、中島公園の菖蒲池越しに、札幌パークホテルと美しいブルーの豊平館を臨むとき、札幌の水運の歴史と共に、雪駄を履いた人々で賑わう博覧会場の喧騒と、豊平館を模して建てられた鹿鳴館のダンスホールの優雅な舞踏会の音楽が、映画のワンシーンのように思い浮かぶのである。

一方、目的もなく札幌のまちを歩いていると、駐車場越しに開発から取り残された古い民家に、ふと出会う事がある。廃墟化していたり、カフェにリノベされている木造下見張りの家屋は、北国特有の歴史とかたちを持った建築家なしの建築だ。

札幌には明治の開拓以降の歴史しかなく、歴史の重層性がない。

また、開拓使時代の建物はアメリカから輸入されたパターンブック（様式の見本帳）を引用しているので、どれも似ている。そのために、街や建物にひそむ歴史を開拓使の時代を中心に紐解きやすい。しかも、山や海といった自然がまちの中にあるから、札幌ではまちを楽しむのと同時に自然を楽しむこともできる。歩いて10分の円山公園はハイキングのできる原生林であり、札幌のまちが広がる石狩湾までの札幌扇状地には湿原が何か所も残っている。

まち歩きの楽しさとは、五感に飛び込んでくる様々な風景に、自分なりの建築・歴史・人・自然のストーリーを発見し、どれだけ知的好奇心をくすぐれるかという事なのだと思う。札幌はまち歩きに向いているまちだと、つくづく想う。

さこうのぼる

1964年生まれ。武蔵野美術大学造形学部建築学科卒業後、
同大学院にて博士号取得。1990年竹中工務店入社。2023年
現在竹中工務店北海道支店設計部長。本業建築設計にて、
オフィスを中心とした作品多数。

著　書

2015　武蔵野美術大学建築学科設立50周年記念誌 設計課題を語る
2019　平成の立野町の記録

受賞歴

1999　代官山インスタレーション '99 ヒルサイドテラス賞
2005　日本建築学会作品選奨（共同：東京サンケイビル）
2005　グッドデザイン賞（神谷町サンケイビル）
2008　第42回 SDA 賞（共同：Hitotsugi Lip）
2009　グッドデザイン賞（ルフォン御殿山）
2014　木材活用コンクール入賞（共同：MORI TRUST GARDEN TORA4）
2016　JCDデザインアワード入選（富岡製糸場西繭所仮設見学施設）
2022　日本建築学会作品選奨（共同：横浜市庁舎）

札幌建築まち歩き

初　刷　2023年3月1日
著　者　さこうのぼる
　　　　文／スケッチ／写真

発行者　斉藤隆幸
発行所　エイチエス株式会社
　　　　札幌市中央区北2条西20丁目1-12佐々木ビル
　　　　phone 011-792-7130　fax 011-613-3700
　　　　e-mail info@hs-prj.jp　https://www.hs-prj.jp

印　刷　モリモト印刷株式会社
製　本　モリモト印刷株式会社

乱丁・落丁はお取替えします。
©2023 NOBORU SAKO
ISBN978-4-910595-06-1

本書の本文及び各データは著者がまち歩きをした時点のもので、最新の情報とは変更になっている場合があります。

本書掲載内容の無断複製・転載を禁じます。